一口气读懂常识丛书
YIKOUQI DUDONG CHANGSHI CONGSHU

一口气读懂

礼仪常识

本书编写组◎编

NEW

世界图书出版公司
广州·上海·西安·北京

图书在版编目（CIP）数据

一口气读懂礼仪常识／《一口气读懂礼仪常识》编
写组编．—广州：广东世界图书出版公司，2010.3（2021.5 重印）
ISBN 978 – 7 – 5100 – 1554 – 0

Ⅰ．①一… Ⅱ．①一… Ⅲ．①礼仪 – 青少年读物
Ⅳ．①K891.26 – 49

中国版本图书馆 CIP 数据核字（2010）第 033769 号

书　　名	一口气读懂礼仪常识
	YIKOUQI DUDONG LIYI CHANGSHI
编　　者	《一口气读懂礼仪常识》编写组
责任编辑	黎　维
装帧设计	三棵树设计工作组
责任技编	刘上锦　余坤泽
出版发行	世界图书出版有限公司　世界图书出版广东有限公司
地　　址	广州市海珠区新港西路大江冲 25 号
邮　　编	510300
电　　话	020-84451969　84453623
网　　址	http://www.gdst.com.cn
邮　　箱	wpc_gdst@163.com
经　　销	新华书店
印　　刷	三河市人民印务有限公司
开　　本	787mm × 1092mm　1/16
印　　张	13
字　　数	160 千字
版　　次	2010 年 3 月第 1 版　2021 年 5 月第 8 次印刷
国际书号	ISBN　978-7-5100-1554-0
定　　价	38.80 元

前　言

　　礼仪的"礼"字指的是尊重，即在人际交往中既要尊重自己，也要尊重别人。古人讲"礼仪者敬人也"，实际上是一种待人接物的基本要求。礼仪的"仪"字顾名思义，仪式也，即尊重自己、尊重别人的表现形式。

　　因此我们可以说，礼仪就是在人际交往中，以一定的、约定俗成的程序方式来表现的律己敬人的过程。从个人修养的角度来看，礼仪可以说是一个人的内在修养和素质的外在表现。从交际的角度来看，礼仪不仅是人际交往中示人以尊重、友好的习惯做法，更是人际交往中适用的一种艺术、一种交际方式或交际方法。总而言之，在社会交往活动中，礼仪是我们应共同遵守的行为规范和准则。

　　我国是一个历史悠久的文明古国，素有"礼仪之邦"的美称。讲"礼"懂"仪"，是中华民族世代相传的优良传统，源远流长的礼仪文化是前人留给我们的一笔丰厚遗产。随着时代的进步，人际交往日趋频繁，作为交往润滑剂的礼仪也日益显其重要。讲究礼仪，遵从礼仪规范，可以展现一个人的教养、风度与魅力，体现一个人对他人和社会的认知水平和尊重程度，从而使个人的学识、修养和价值得到别人的认可和尊重。恰当的礼仪不仅能给公众信任和可亲可敬、可合作、可交往的良好印象，而且会让公众感觉到合作过程充满和谐，进而增加合作的成功。

孔子说:"不学礼,无以立。"意思是一个人要有成就,就必须从"学礼"开始。学习礼仪是每个人人生中不可或缺的重要部分。青少年当然也概莫能外,作为国家的未来与希望,在礼仪修养与道德水准等方面也应有更高的要求。也正因为如此,青少年在努力学习的同时,更要做到讲文明、懂礼仪,更应该在思想品格上出类拔萃,让文明的举止为你们树立形象、收获友谊、赢得尊重。做一个讲文明,懂礼仪,具有健康心理和高尚品格的全面发展的学生。

《一口气读懂礼仪常识》这本书涉及穿着、交往、沟通、节日等内容,涵盖各方面的礼仪基本知识。另外,本书还注重实际,一些内容可操作性也比较强。希望通过对本书的阅读,可以让青少年学到一些基本的礼仪常识。如果能为青少年在现在或今后的人际交往中起到一定的帮助,我们将倍感荣幸。

一口气读懂礼仪常识

目　　录

一口气读懂礼仪常识

1

交往礼仪篇

一口气读懂礼仪常识

一口气读懂礼仪常识

公共礼仪篇

一口气读懂礼仪常识

5

通联礼仪篇

一口气读懂礼仪常识

节日礼仪篇

一口气读懂礼仪常识

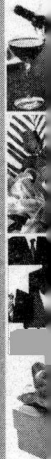

一口气读懂礼仪常识

基本礼仪篇

什么是仪表?

一个人在公众面前的外部形象就是我们通常所说的仪表,这其中包括面容、体态、服饰、姿态、风度和举止等。

社会上有句话叫"人如其表",意思就是你呈现在别人面前是什么样的,别人就会认为你是什么样的。

得体的仪表,不仅能赢得他人的信赖,给人留下良好的印象,而且还能够提高与人交往的能力。相反,穿着不合体,举止不文明,往往会使你的身份、形象大打折扣。由此可见,仪表是一门艺术,它既要讲究协调、色彩,也要注意场合、身份,同时它又是一种文化的体现。

什么是仪容?

我们通常所说的仪容指的就是一个人的面容,它还有一种更通俗的讲法,就是指一个人的脸部。

我们说别人好看不好看,大都是以他(她)的脸部为对象来进行评价的,比如说,章子怡长得好看,赵薇长得好看,袁立长得好看,巩俐长得好看,等等。但很少说某人长得好看的是小脚趾头,某人长得最好看的是脚跟。所以,你说一个人好不好看,讲的都是容貌。所谓容貌,就是指脸部这一块。

面部修饰要注意什么?

说起面部的修饰,我们都要注意什么呢?

除了整洁之外,面部多余的毛发也是我们要特别注意的地方。

除了头发之外，还有什么地方会有毛发呢？一是胡子，二是鼻毛和耳毛。一个正常的人都会有这样一些毛发，但是不同于头发，这些毛发还是不要让别人看到的好。除非有特殊的宗教信仰和民族习惯，否则就不要留胡子。另外，男士还要养成每日剃须的习惯。如果隔三岔五的剃须，胡子拉里拉杂，就会给别人蓬头垢面之感。特别要强调的是，一定要注意鼻孔，注意耳朵。男人的鼻毛若长出鼻孔之外，会对其形象造成巨大破坏。别人往你侧面一站，其耳孔里面一撮毛在随风飘摇；一看鼻子，有一根毛在外面，上面还有一个珠珠，这个必定会影响本人形象。所以鼻毛和耳毛要经常地加以修剪，在人们面前树立干净、整洁的形象。

口部修饰要注意什么？

从干净、卫生这个角度来讲，就要求口部无异味，无异物。通常看一个人时，我们是看其面部区域——头发以下、下巴以上。在跟一个人说话的时候，一般关注他的头发、眼睛、嘴巴。那么，我们要养成什么卫生习惯呢？首先是吃完饭之后要及时刷牙，及时照照镜子。如果别人跟你说话，发现你的嘴巴红一块绿一块，这边牙缝里塞一根韭菜，那边牙缝里塞着半个虾米皮，还满嘴恶臭，这种情况肯定让人讨厌。除此之外，还需要特别注意的是，如果你是搞服务工作，搞接待工作的，或者到社交场合去跳舞、赴宴，那就最好不要吃带有刺激性气味的食物，比如葱，吃了之后，五六个小时之内你葱味难除；蒜，其气味虽然没有葱厉害，但是它的后劲比较足；但最厉害的是韭菜，它可持续存在，如果你今晚吃过韭菜馅水饺，可能明天下午打上一个嗝还能

把别人熏倒。如果你是有良好教养的人，你到公众场合去，就不要让这种尴尬情况发生。

什么是表情？

表情就是我们通常所说的眼、眉毛、嘴巴、面部肌肉以及它们的综合运用所反映出来的心理活动和情感信息。在非语言符号中，表情语言的词汇最为生动活泼。它能生动充分地展现人类的各种心情，如高兴、愉快、兴奋、喜悦、激动、悲伤、惶恐、忧郁、气恼、失望、愤怒、自卑、自负、依恋、爱慕等。同时，表情也能够淋漓尽致、清清楚楚地表现人们的悲喜交加、爱憎交织和喜忧参半的复杂心态。所以说在人际交往中，表情真实可信地反映着人们的思想、情感、及其心理活动与变化。通常说来，语言传达的感情信息不比表情来的巧妙。当然，把握表情并不是一件容易的事。从整体上说，人的眼神、笑容、面容是表达感情最主要的三个方面。

美国心理学家艾伯特·梅拉比安把人的感情表达效果总结了一个公式：感情的表达 = 语言（7%）+ 声音（38%）+ 感情（55%），这个公式是否科学合理且不去深究，但它说明了表情在人际间沟通时在表达内在感情方面起着不可替代的重要作用。

目光有什么重要作用？

人的眼睛有着极为丰富和极为微妙的表现力，一般很难规定出既定的模式。但是在人际交往中，目光是受感情制约的，目光是人们内心情感的外在流露。所以要想目光更好的发挥作用，只有把握

好自己的内心感情。

　　心灵深处的喜、怒、哀、乐都会不自觉地从眼神中流露出来，所以在生活中，眼睛被人们称为心灵的窗户。印度诗人泰戈尔说："一旦学会了眼睛的语言，表情的变化将是无穷无尽的。"这又说明，眼睛语言所拥有的表现力是其他语言无法比拟的。一双炯炯有神的眼睛，给人以感情充沛、生机勃发的感觉；目光呆滞、麻木的眼睛，则会给人留下疲惫痴呆的印象。

　　在人与人之间进行交流时，目光的交流总是必不可少的。信息的交流要以目光的交流为起点。交流过程中，一方除了要不断地应用目光表达自己的意愿、情感外，还要适当观察对方的目光，探测其真实意图。交流结束时，也要用目光作一个圆满的结尾。在各种礼仪形式中，目光有着重要的地位，能否正确运用目光，将直接关乎礼仪的质量与成败。

不同场合、不同情况应怎样运用目光?

　　在与人见面时，不论是见到熟人，还是陌生人；不论是偶然见面，还是约定见面，首先要眼睛大睁，以炯炯有神的目光正视对方片刻，然后面带微笑，流露出喜悦、热心的情感。对初次见面的人来说，还应头部微微一点，行一注目礼，表示出尊敬和礼貌。

　　在与人交谈时，应当不断地通过各种目光与对方交流，使交谈的气氛更加和谐。交谈中，应始终保持与对方目光的接触，这是表示对话题很感兴趣。如果经常地回避对方目光而左顾右盼，就表示对话题不感兴趣。但应当注意，交流中的注视，决不是紧紧盯住对

方的眼睛，把目光固定，这种逼视的目光其实是不礼貌的，也会使对方感到别扭。交谈时正确的目光应当是自始至终地都在注视，但注视并非紧盯。瞳孔的焦距要呈散射状态，用目光覆盖对方的面部，同时应当辅以真挚、热忱的面部表情。在交谈中，目光应随着话题、内容的变换，作出及时恰当的变化。或喜或惊，或微笑或沉思，用目光流露出会意的种种情意，创造出一个融洽、和谐、生动、有趣的交谈氛围。

集体场合，在开始发言讲话之前，要用目光扫视一下全体听众，表示"我要开始讲了，请予以注意"。

通常在交谈和会见结束时，目光要抬起，表示谈话的结束。道别时，继续用目光注视着对方的眼睛，面部要表现出惜别的感情。

笑可分为哪几种，笑的时候应注意什么？

在日常交往中，符合礼仪规范的笑容大致可以分为以下几种：

（1）微笑。唇部微微上移，略呈弧形，但不要露齿，表示自乐、高兴、满意、友好，适用范围最广。

（2）笑。不笑出声来，不露出牙齿，只是面带笑意，表示认可对方，待人友善，适用范围较为广泛。

（3）轻笑。嘴巴略微张开一些，上齿可以显露在外一些，不发出声响，表示欣喜、快乐、多用于会见客户、向熟人打招呼等情况。

（4）浅笑。笑的时候抿着嘴唇，下唇大多被包含于牙齿之中，许多年轻女性表示害羞的时候，通常是浅笑，又称为抿嘴而笑。

（5）大笑。大笑表现得太过张扬，一般不宜在公共场合中使用。

笑的共性是显露出喜悦之色，表情轻松快乐。但是，笑也要讲究方法，否则可能会笑得比哭还难看，也可能会让人觉得非常假，甚至显得很虚伪。所以在笑的时候要注意以下几点要求：

（1）笑要发自内心。笑的时候要自然大方，源于内心，显现出亲切。

（2）声情并茂。笑的时候，要做到表里一致，使笑容与自己的行为、谈吐有很好的呼应，不要皮笑肉不笑。

（3）气质优雅。笑的时候，通常要讲究笑的适度、尽兴，更要讲究精神饱满，气质典雅。

（4）表现和谐。从表面上看，笑是人们的眉、眼、鼻、口、齿以及面部肌肉和声音所进行的协调行动，所以笑的时候五官一定要表现得和谐一些。

另外，在正式社交场合笑的时候，还要禁止以下几种笑：

（1）冷笑。即含有怨恨、讽刺、鄙视、无可奈何、不屑一顾、不以为然等容易使人产生敌意的笑。

（2）假笑。即没有笑意而装笑，皮笑肉不笑。

（3）怪笑。即笑得比较怪异，让人心里发麻，多含有恐吓、讥讽的意思。

（4）媚笑。即有意讨好别人，并非发自真心，具有一定的功利性色彩的笑。

（5）窃笑。即偷偷的、洋洋得意的或幸灾乐祸的笑。

（6）怯笑。即害羞、胆小，不敢与他人交流视线，甚至会面红耳赤的笑。

（7）狞笑。即面容凶恶的笑，多表示愤怒、威胁、吓唬。

由此可见，要笑得好并非一件易事，必须要遵守一定的要求，必要时还应当进行练习。在家里自己可以对着镜子练习，一方面观察自己笑的表现形式，更要注意进行内心调节，可以想象对方是自己的兄弟姐妹，是自己多年不见的朋友。还可以在大伙面前，讲一段话，讲话时自己注意显现出笑容，并请同伴给以评议，帮助矫正。

什么是肢体语言？

肢体语言又称身体语言，它是指经由身体的各种动作，代替语言表达从而达到表情达意的沟通目的。广义的肢体语言，还包括前面叙述的面部表情在内；狭义的肢体语言只包括身体与四肢所表达的意义。

肢体语言是人际交往中经常使用的一种交流形式。使用得当，就会给人以更生动、更鲜明的印象。好的肢体语言除了可以形象的表达意思外，还可以以优雅动人的体态，给人以美好的视觉感受，产生"此时无声胜有声"的作用。肢体语言还可以用来表达情绪。诸如鼓掌表示兴奋，顿足代表生气，搓手表示焦虑，垂头代表沮丧，摊手表示无奈，捶胸代表痛苦。当事人以此等肢体活动表达情绪时，别人也可由之辨识出当事人当时是一种怎样的心境。

肢体语言有什么具体作用？

你的吸引力不在于你说话的内容，而在于你怎么说。一个较好

的姿势、更优秀的肢体语言都会让你吸引力倍增，因此肢体语言的一个重要作用就是可以提高你的吸引力。

另外，肢体语言还可以带动你的情绪，形象的肢体语言可以渲染听众的情绪，相反，情绪也会从肢体语言中表现出来；肢体语言也能够传递信息，如果你参加面试时，可以心平气和就说明自己很自信，如果你露出不安的肢体语言就透露出了你的紧张；肢体语言还可以提高你的沟通技巧，事实上，提高肢体语言能力的同时也是在提高你的沟通能力。

除此之外，肢体语言还能够树立你的第一印象，你在别人眼里的第一印象会一直影响后来他对你的评价，所以塑造一个优秀的第一印象是十分重要的。

手势语有哪些？

手势语通常包括跷大拇指，指点手势，捻指手势等。

（1）跷大拇指手势

在中国，跷大拇指的手势有着特殊的意义，通常用它表示高度的赞誉和肯定。寓义为"好"、"第一"等。但是在英国、澳大利亚和新西兰等国家，跷大拇指则表示要搭便车，是搭车的惯用手势。而在希腊，跷大拇指却是让对方"离开"的意思，具有辱骂的含义。所以当我们与希腊人交往时，千万不要用跷大拇指去称赞对方，那样一定会产生误解闹出笑话，甚至产生不愉快。

（2）指点手势

这个手势，表示出对对方的轻蔑与指责。所以通常在交谈中，我们应该避免伸出食指向对方指指点点的举动，更不可举起

手臂，用食指指向别人的脸。西方人比东方人要更忌讳别人的这种指点。

（3）捻指手势

用手的拇指与食指弹出"叭叭"的声响就是所谓的捻指。在不同情况下，它可以表示不同的含义：有时表示内心快乐；有时表示对别人所说的话或举动感兴趣或完全赞同；有时则视为某种轻浮的动作，比如对陌生人或异性"叭叭"地打响指。

在陌生的场合或不熟悉的人面前，"叭叭"地捻指，会使人觉得厌烦，碰到熟人打招呼时也来上一声捻指，也会使人觉得不舒服。总之，捻指是一种很随便、轻浮的举止，慎用为好。

怎样用肢体语言表示感谢？

在一般的场合，感谢可以用点头来表示。在比较正式庄重的场合，感谢则可以用鞠躬来表示。鞠躬的"深度"往往代表致谢的程度，感谢的程度越重，躬身的深度越大。表示感谢还可用握手的方式来表达，握住对方的手或者可以再上下晃几下，晃的程度越大代表感谢的程度越重。还有一些朋友用双手在胸前抱拳或合十，然后再晃动几下表示感谢。在中国广东，有些人则是用右手中指轻轻点击桌面，这也是表示感谢。

风度、魅力指的是什么？

一个人优雅的举止风范就是通常我们所说的风度。而魅力指的则是一个人美妙而又吸引人的造型。我们看男人、看女人，看同事、看同学，有时候会觉得：这个人很有风度，那个人很有魅力，原因

是什么呢？因为他大气，他刚毅，他让人觉得耐人寻味。你是一个女同学也好，你是一个男同学也罢，都要站有站相，坐有坐相，这是行为举止的原则。

正确的谈话姿势有哪些要求？

要做到正确的谈话姿势，我们就必须注意以下这些要求：

（1）彼此要互相正视、互相倾听，不能左顾右盼、看书看报、面带倦容、哈欠连天。否则，会给人心不在焉、目中无人等不礼貌的印象。

（2）不要重复一种姿势，无论任何一种姿势，重复了总会令人觉得单调乏味。

（3）当你用手做手势的时候，不要不活动肘部，这样难免会给人一种不自然的感觉。

（4）切忌不要把姿势结束得太快。比如当你伸出食指向前面指着，用这种姿势衬托你说话的语气时，你切勿马上把手缩回，最好等到说完一句话以后，才可以缩回手臂。

（5）谈话姿势要保持自然是需要练习的，这种练习，也许在刚开始做时觉得有些勉强，但经过一段时日以后，便可以渐渐变得自然了。

此外，还需要注意的是，不要让你的动作或姿势减低听众对你说话的注意，一些人的动作比较过火，反而使听众注意他的动作。说话的态度是唯一重要的谈话技巧，这态度指的是你的说话本身，而不是指你的行动。你不要总以为你是在公众场合说话，因此你必须留心自己的话，有什么应注意的地方。

标准的站姿有什么要求?

站立是人最基本的姿势,常言道"站如松",指的就是人在站立时要像挺拔的青松,这样就会给人一种强烈的美感,这种美是静态美,它是培养优美仪态的起点,也是发展不同质感动态美的起点和基础。如何站立才能体现出这种美呢?首先我们要掌握站立的基本要领:

(1)头正不偏,双目平视,嘴角微闭,下颌微收,面容平和自然。

(2)双肩平正放松,稍向下沉,人有向上的感觉。

(3)躯干挺直,挺胸,收腹,提臀。

(4)两只手臂自然下垂于身体两侧,中指贴拢裤缝,两手自然放松。

(5)双腿立直、并拢,脚跟相靠,两脚尖张开约60°,身体重心落于两脚正中。

常见的站姿有哪些要求?

人们的日常生活是丰富多彩的,也是有很多层面的,一种站姿远远不能满足我们的日常生活需要。当我们聆听领导、长辈、老师等这些尊者的教诲时,我们就必须通过站立的姿势表现出谦虚、尊敬,并要注意不要表现出自卑;当我们想要去找工作、去商谈业务时,就必须要表现出自信,并注意既不要让人觉得自卑也不要让人觉得傲慢;当我们参加一些社交活动时,又常常需要表现出优雅大方;有时候我们还要让对方感觉到一定的威严。如果只有一种站立

姿势就无法满足所有方面的要求，因此，人们在站立基本要求的基础上，可以通过一些小的改变来体现不同的站姿语义。下面我们介绍几种常见的站姿及其适用的范围。

谦虚的站姿：手臂自然下垂于身体两侧，两腿并拢挺立。注意，人在站立时两腿之间的距离有"近谦虚远粗狂"的说法，所以两腿并拢挺立可以显得谦虚一些。如果想强化谦虚效果，上体还可以略向前倾一些，注意，倾多则卑。

自信的站姿：两手在小腹前交叉，右手放在左手外侧并用右手轻握左手，女士也可以用左手轻握右手。如果想加强自信的效果，男士双腿可略分开一点，但不可宽过肩。注意上体应保持正直，如果前倾则显得谦虚，后仰则有自傲之嫌。

优雅的站姿：女士在站立时可以把身体重心放在一脚上，另一脚要超过前脚腿部略微弯曲，这种站立姿态显得非常优雅，尤其是穿旗袍时。

强悍站姿：男士将双臂抱在胸前则给人强悍之感，似有不服、挑衅之意。

威严站姿：男士双手插于腰部，两腿适当分开会让人产生威严之感。

老成站姿：双手相握放于背后则给人以老成、稳重、居高临下的感觉。

其他站姿：在一些轻松的场合携带皮包时，可利用包摆出各种姿势，例如：一只手插入口袋，另一只手轻推皮包或握着皮包的肩带等等。但是要特别注意一点，不论摆出何种姿势，只有脚的姿势及角度在变，而身体一定要保持绝对的直立。

女士与男士的直立站姿有什么区别？

对于女士，直立站姿要求身体立直，右手搭在左手手指上，自然贴在腹部，双脚成"V"字型，膝和脚后跟尽量靠拢；或者一只脚略前，一只脚略后，前脚的脚后跟稍稍向后脚的脚背靠拢，后腿的膝盖向前腿靠拢。这些站姿是规范的，但是要尽量避免僵直硬化，肌肉亦不能太紧张，可以适宜地变换姿态，追求动感美。

对于男士，直立站姿就要求身体保持直立，挺胸抬头、下颌微收、双目平视、两腿合并，脚跟靠紧，脚掌分开呈"V"字型，腰部伸直，吸腹收臀，双手放于身体两侧自然下垂。或者两腿分开，两脚平行，距离小于肩宽，双手交叉于身后，右手搭在左手上，贴在臀部。

男士站立的正确姿势除了让自己觉得舒服以外，还应该给人一种信赖的稳重感。为求稳重，可采用开放式的姿势，就是双脚分开约与肩同宽，抬头挺胸，双手半握拳，眼睛平视前方则会给人豪爽自信的感觉。

正确的坐姿应注意什么？

坐姿，是一种静态造型。正确而优雅的坐姿，会给人一种文雅、稳重、自然大方的美感。正确的坐姿应该包括：

（1）入座时要注意轻、稳、缓。在正式场合，入座时要轻柔和缓，起座要端庄稳重，不可猛起猛坐，弄得桌椅乱晃乱响，造成不良影响。

（2）神态从容自如（嘴唇微闭，下颌微收，面容平和自然），表情不要太严肃。

（3）双肩平正放松，手臂自然弯曲放在两膝上，也可以放在椅子或是沙发扶手上，以自然得体为宜，掌心向下。

（4）坐在椅子上，要腰部直立、挺起胸膛，上体自然挺直。

（5）双膝略微并拢，双腿正放或侧放，两脚并拢或交叉或成小 V 型。男士两膝间可分开一拳左右的距离，两脚可成小八字步或稍分开以显自然潇洒之美，但不可以尽情打开腿脚，那样会给人一种低俗和傲慢的感觉。

（6）如果坐宽座沙发至少要坐 1/2，如果坐在椅子上，应至少坐满椅子的 2/3。落座以后至少 5 分钟左右不要靠椅背。入座时间久了，可轻靠椅背。

（7）谈话时应该根据交谈者位置，将上身双膝侧转向交谈者，上身仍保持挺直，不要弯曲，不要出现自卑、谄媚、讨好的姿态。讲究礼仪要尊重别人但不能失去自尊。

（8）离座时要讲究自然稳当，右脚向后收半步，而后起身离开。

女子裙装入座时应注意什么？

女子入座时，若穿的是裙装，应先用手将裙子稍稍拢一下，不要坐下后再拉拽衣裙，那样显得不优雅。女士在正式场合一般从椅子的左边入座，离座时也要从椅子左边离开，这是文明礼貌的一种体现。

女士入座尤其要讲究优雅、文静、柔美，两腿并拢，双脚同

时朝一个方向摆放，两手叠放于左右腿上。如坐的时间比较长可将两腿交叉重叠，但要注意上面的腿向内回收，脚尖向下，这样才能给人以高贵、大方之感。除此之外，作为女士，坐姿可以根据椅子的高低以及有无扶手和靠背而不同，所以两手、两腿、两脚也可有多种摆法，但两腿叉开，或成四字形的叠腿方式是很不合适的。

穿牛仔裤时应怎样坐？

穿牛仔裤入座的时候，首先身体要侧坐，身体的重量放在一只脚上，另一脚的足踝靠在这脚的脚尖上。通常也可以采取盘坐的方式入座，入座时要求两脚交叉盘坐，脚尖朝上，两手自然地摆在膝盖上。如果坐在沙发上，就可不必太拘束，顺其自然地坐着，保持优雅的坐姿即可。就座后，坐姿应端正，但不要显得僵硬呆板。不要用双手托着下巴或把双臂肘放在桌上。不要随意摆弄餐具、餐巾等摆设，还要避免一些不合礼仪的举止体态，比如说随意脱下上衣，解开衣扣，卷起衣袖；说话时指指点点，频频离席，或挪动座椅；头枕椅背打哈欠，伸懒腰，揉眼睛，搔头发等。

什么是走姿？

人们生活中的主要动作就是走姿，它是人在行走的过程中所形成的姿势。好的走姿可以说是一种动态美，所谓"行如风"就是用风行水上来形容矫健轻快的步态。通常正确的走姿要求有：轻快而稳健，挺胸抬头，双肩放松，两眼平视，面带微笑，自然摆臂。走姿是站姿的延续动作，是在站姿的基础上体现人的动态美的。无论

是在日常生活中还是在其他场合，走路姿势作为一种最引人注目的身体语言，也最能表现出一个人的风度和活力。

正确的走姿要求有哪些？

我们在走路的时候，要昂首挺胸，目光要正视前方，双臂自然下垂，手掌心向内，并以身体为中心前后摆动。上身笔挺，腿部伸直，腰部放松，脚步要自然并且富有弹性和节奏感。

走路时上身的姿势要与保持站立时上身的姿势相同，挺胸收腹，腰背笔直；两臂以身体为中心，前后自然摆动。前摆约 35 度，后摆约 15 度，手掌朝向体内；在迈步子时身子稍向前倾，重心落前脚掌，膝盖要保持伸直；脚尖向正前方伸出，走路的时候双脚最好保持在一条线缘上。

女士要求脚步匀称、轻盈，端庄、文雅，这样就显现出一种温柔之美。

我们不妨试着将一本书放在头顶上，放稳后再松手。然后把手臂放在身体两侧，用前脚慢慢地从基本站立姿势起步走，注意千万不要让书掉下来。这样虽然有点不自然，但却是一种很有效的练习方法，因为走路时要摆动的是髋关节部位，而不是膝关节，所以只有这样才能使步伐更轻快自然。

陪同引导时的走姿有什么要求？

我们在陪同引导对方时，应该注意方位、速度、关照等方面的要点，如果双方是并排行走，陪同引导人员就应该站在左边。如果双方是单行行走，陪同引导人员就要居于左前方约一米左右的位置。

一口气读懂礼仪常识

当被陪同人员不知道行进方向时，陪同人员应该走在前面、走在外侧；另外陪同人员行走的速度要考虑到和对方保持一致，不可以走得太快或太慢。在陪同的过程中，一定要处处以对方为中心。每当经过拐角、楼梯或路面不平、光线较暗的地方，都要提醒对方留意。同时也有必要采取一些特殊的姿势，比如请对方开始行走时，要面向对方，略微躬身，示意开始前行。在行进中和对方交谈或答复提问时，把头部、上身转向对方。

上下楼梯时有什么要求？

上下楼梯时，我们应当尽量走专门指定的楼梯。因为有一些单位往往禁止本单位人员与顾客走同一个楼梯。在运送货物时，特别要注意这一点，尽量减少在楼梯上的停留。楼梯上的来往人很多，所以不要停留在楼梯上休息、看书、聊天或是在楼梯上慢慢悠悠地走。

此外，我们还应当坚持"靠右上下"的原则。上下楼梯、自动扶梯的时候，一般情况下都不应该并排行走，而要从右侧上，这样有急事的人，就可以从左边的通道快速通过。上下楼梯时，尽量不要和别人抢行，以免产生摩擦。出于礼貌，可以请对方先走。当自己陪同引导客人上下楼梯时要注意引导的方式。如果是陪客人上楼，陪同人员应该走在客人的后面；如果是陪客人下楼，陪同人员应该走在客人的前面。

进出电梯时应注意什么事项？

我们在使用电梯时，应当注意以下三个要点：

首先，使用员工专用的电梯。如果本单位有这样的规定，就一定要自觉地遵守。有可能的话，工作人员不要和来访客人混用同一部电梯，更不要和货物共用一个电梯。

其次，乘用无人驾驶的电梯。本单位工作人员就必须自己先进后出，以方便控制电梯。在乘电梯时如果碰上了并不相识的来访客人，也要待之以礼，请对方"先进先出"。乘的如果是有人驾驶的电梯，应当"后进后出"。

最后，尊重体谅周围的乘客。进出电梯时，应该侧身慢行，免得碰撞别人。进入电梯后，要尽量站在里面。人多的话，最好面向内侧，或与别人侧身相向。下电梯前，应该提前换到电梯门口。

出入房门时要注意什么？

我们在进入或离开房间时应该做到以下几点：

（1）先通报。我们在出入房间时，尤其是在进入房门以前，一定要轻轻叩门、按铃，向房内的人进行通报。冒然进出或一声不吭，都显得冒冒失失，有失礼貌。

（2）以手开关。出入房门，务必要用手来开门或关门，切忌用脚踹门。开关房门时，最好是反手关门、反手开门，并且要始终面向对方，这也是文明礼貌的一种体现。那些用肘部顶、用膝盖拱、用臀部撞、用脚尖踢、用脑袋顶等方式关门都是不文雅的做法。

（3）后入后出。和别人一起出入房门时，不要一起挤入门内。为了表示自己的礼貌，应当自己后进门、后出门，而请对方先进门、

先出门。

（4）出入随手关门。如果我们在陪同引导别人时，还要有义务在出入房门时替对方拉门或是推门。在拉门或推门后要使自己处于门后或门边，等别人进出后，然后随手关门。

服饰有哪些作用？

自古以来，着装就体现着一种社会文化，也体现着一个人的文化修养和审美观点，是一个人的身份、气质、品位、内在素质的间接体现。所以从某种意义上说，服饰是一门艺术，服饰所能传达的情感与意蕴甚至不是用语言所能表达的。在不同场合，那些穿着得体、适当的人，总会给人留下良好的印象，而那些穿着不当的人，则总会给人留下低俗、不雅的印象。

着装的 TPO 原则指的是什么？

说起 TPO，大家可能会有些陌生。其实，TPO 是英文 "Time" "Place" "Object" 三个英文单词的缩写。T 代表着时间、季节、时令、时代；P 代表地点、场合、职业；O 代表目的、对象。着装的 TPO 原则是世界公认的着装打扮的最基本的原则。它要求人们的服饰应力求和谐自然，以和谐为美。着装要与时间、季节相吻合，符合节令；要与所处场所环境，与不同国家、区域、民族的不同生活习俗相吻合；要与着装人的身份相匹配；要根据不同的交往目的，交往对象选择服饰，从而给人留下良好的印象。

着装时应注意什么问题？

我们在穿着服装时应当注意与自身条件相搭配。选择服装首先

应该考虑是否与自己的年龄、身份、体形、肤色、性格相和谐统一。如果是年长者，身份地位高者，选择服装款式就不宜太跟潮流，款式简单而面料质地有些考究才能吻合其身份年龄。如果是青少年，在着装上就要着重体现青春活力、朴素、整洁、活泼大方，"青春自有三分俏"，若以不适当的服饰破坏了青春朝气，实在得不偿失。个人的形体条件也会影响服装款式的选择，身材矮胖、脖子粗脸庞大的人，宜穿深色低"V"型领、大"U"型领套装，浅色高领衣服则不适合。而身材瘦高、脖子细长、长脸形者宜穿浅色、高领或圆形领衣服。脸型较方者比较适宜穿小圆领或双翻领服装。身材匀称，形体条件好，肤色也好的人，着装范围则较广，什么款式颜色的衣服都能穿一下。

职业、场合、交往目的等因素也是着装应考虑的范围。着装要与职业、场合相宜，这是不可忽视的原则。在工作单位着装应遵循端庄、整洁、稳重、美观、和谐的原则，能给人以愉悦感和庄重感。从一个单位员工的着装和精神面貌，就可以看出这个单位的工作作风和发展前景。现在越来越多的团体、企业、机关、学校开始要求统一着装，这是很有积极意义的举措，这不仅给了着装者一份归属感和成就感，同时又多了一份自觉和约束，成为一个组织、一个单位的标志和象征。

服装应与场合、环境相适应。正式社交场合，着装应当朴素大方，不宜过于浮华。参加晚会或喜庆场合，服饰则可光亮、艳丽些。节假日活动时间着装应随意、轻便些，西装革履则显得拘谨而不适宜。家庭生活中，着休闲装、运动装更加有利于与家人之间交流沟通，营造出轻松、愉悦、温馨的气氛。

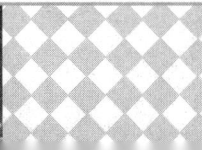

一口气读懂礼仪常识

但是一个人穿睡衣拖鞋到大街上去购物或散步，那就显得很不雅观和失礼。

着装还应当与交往对象、目的相适应。如果与外宾、少数民族相处则要特别尊重他们的习俗禁忌。总之，体现出"和谐美"才是着装最重要的原则，衣服裤子呼应和谐，饰物与服装色彩搭配和谐，与身份、年龄、职业、肤色、体形和谐，与时令、季节、环境和谐等。

服装的色彩搭配有哪些要求？

决定着装成功与否的一个重要因素就是服装的色彩。服装的颜色以"整体协调"为基本准则。全身着装色彩搭配最好不超过三种颜色，而且以一种颜色为主色调，颜色太多就会显得杂乱无章，不协调。灰、黑、白三种颜色在服装配色中占有主体地位，几乎可以和任何颜色相配并且都很合适。

着装配色和谐的几种比较简单可行的办法有：一是上下装同一颜色——即套装，以饰物点缀。二是颜色搭配要相似，把同色系中深浅、明暗度不同的颜色予以搭配，整体效果会比较协调。对比色不好搭配（明亮度对比或相互排斥的颜色对比），但是如果搭配得当，就会产生一种相映生辉、令人耳目一新的奇特效果。年轻人身着上深下浅的服装，显得活泼、飘逸、富有青春气息。中老年人身着上浅下深的服装，给人以稳重、沉着的静感。服装的色彩搭配考虑与季节的沟通，与大自然对话也会收到不同凡响的美妙效果。

衬衣的搭配同样也很重要。同一件外套服装，利用不同衬

衣的样式与颜色与之相衬托，就会表现出不同的风格，能以简单的打扮发挥理想的效果。衬衣本身就能说明着装人内在的充实与修养。然而很多人却忽略了这一点，不能不说是其打扮意识的薄弱之处。我们在利用衬衣与外套搭配时应该注意衬衣的颜色与外套要有一定的差别，明暗度、深浅程度应有合理的对比。

总之着装配色要遵守一条重要的原则，就是根据个人的肤色、年龄、体形、气质选择颜色。如一个人的肤色黑，则不宜着颜色过深或过淡的服装，而应选用与肤色对比不明显的粉红色、蓝绿色，最好别穿色泽明亮的黄橙色或色调极暗的褐色、黑紫等颜色。皮肤发黄的人，不宜穿着半黄色、土黄色和灰色系的服装，否则就会显得精神不振和无精打采。脸色苍白不宜着绿色服装，否则会使人产生一种病态的感觉。而肤色红润、白净，穿绿色服装效果会很好。任何肤色的人穿上白色衣服都会有不错的效果，因为白色的反光会使人显得神采奕奕。体形瘦小的人适合穿色彩明亮度高的淡颜色衣服，这样就显得丰满；而体形肥胖的人穿着明亮度低的深颜色的衣服则显得苗条等。大多数人体形、肤色属中间混和型，所以颜色搭配可随意一些，没有太绝对的原则，重要的是在着装实践中找到一种最适合自己的颜色搭配。

饰物应如何佩戴？

与服装搭配，对服装起修饰作用的其他物品就是我们通常所说的饰物，它主要包括领带、围巾、丝巾、胸针、首饰、提包、手套、

鞋袜等等。

尽管饰物不大，但在着装中起着画龙点睛、协调整体的作用。胸针适合女性一年四季佩戴。佩戴胸针不可一成不变，应因季节、服装的不同而变化，胸针应戴在第一、第二粒纽扣之间的平行位置上。女同胞的最爱当属首饰了，这些首饰主要指耳环、项链、戒指、手镯、手链等。佩戴首饰应注意与脸型、服装相协调。首饰应避免同时戴多件，比如戒指，一只手最好只配戴一枚（注意是一只手不是一只指头），手镯、手链一只手也不能戴两个以上。多戴则不雅而显得庸俗，特别是工作和会议场合穿金戴银太过繁多总不适宜，不合礼仪规范。围巾的作用同样也不可小瞧。巧用围巾，特别是女士佩戴的丝巾，会收到非常好的装饰效果。男士饰物一定不宜太多，太多则有损男性必有的阳刚之气和潇洒之美。一条领带，一枚领带夹就可以了，如果是在某些特殊场合，只需在西服上衣胸前口袋上配一块装饰手帕就够了。

鞋袜的颜色如何搭配？

鞋袜在整体着装中有着不可替代的作用，搭配不好就会给人头重脚轻的感觉。

着便装的时候穿皮鞋、布鞋、运动鞋都可以。但是穿西服、正式套装的时候则必须穿皮鞋。皮鞋的颜色很重要，男士皮鞋的颜色以黑色、深咖啡或深棕色较合适，白色或其他淡色皮鞋除非在穿浅色套装或在某些场合的时候才适用。适合于各色服装和各种场合的莫过于黑色或者深色皮鞋。正式社交场合，男士的袜子应当是深单一色的，黑、蓝、灰都可以，但是不可以穿鲜亮颜色

的袜子。女士皮鞋的颜色则可鲜亮一些，女士皮鞋以黑色、白色、红色、棕色或与服装颜色一致或同色系为宜。社交场合，女士袜子的颜色也有讲究。女士穿裙子时，袜子主要以肉色相配，深色或花色图案的袜子都不合适。长筒丝袜口与裙子边缘之间不能有间隔，不能使腿的一部分外露，那样很不雅观，也不符合服饰礼仪规范。有破洞的丝袜不能露在外面，以免被别人笑话。穿有明显破痕的高筒袜在公众场合走路总会让人感到尴尬，不穿袜子倒还可以。总之，饰物的穿戴也应遵循 TPO 原则，要讲究"和谐"为美。

穿着西装有哪些原则？

在日常生活中，穿着西装应遵循以下礼仪原则：

（1）西服套装上下装颜色应色调一致。在搭配上，西装、衬衣、领带其中至少应有两种素色。

（2）穿西服套装必须穿皮鞋。便鞋、布鞋和运动鞋都不合适。

（3）西装里面衬衣的颜色应与西服颜色协调，但不能选择同一色调。正式场合男士不宜穿色彩鲜艳的格子或花色衬衣。当然，白色衬衣可与各种颜色的西服搭配并且效果都还不错。衬衣袖口应该略长一些，一般长出西服袖口 1—2 厘米为宜。在正式庄重场合穿西服必须佩戴领带，其他场合不一定都要佩戴领带。通常打领带时衬衣领口扣子必须系好，不打领带时衬衣领口扣子应解开。

（4）西服纽扣摆列有单排、双排之分，纽扣扣法也因此有所不同：双排扣西装应把扣子都扣好，以免显得不正统。单排扣西装：

一粒扣的，扣上端庄，敞开潇洒；两粒扣的，只扣上面一粒扣显得洋气、洒脱，只扣下面一粒显得牛气、流气，全扣上显得土气，都不扣敞开是潇洒、帅气；三粒扣的，扣上面两粒或只扣中间一粒都合规范要求。

（5）西装的上衣口袋和裤子口袋里应该避免放太多的东西，以免显得不整齐。穿西装里面衣服不要穿太多，春秋季节只配一件衬衣最好，冬季衬衣里面也不要穿棉毛衫，如果冷的话可在衬衣外面穿一件羊毛衫。穿得过分臃肿会破坏西装的整体线条美。

（6）领带的颜色、图案应与西服的色调相协调，系领带时，领带的长度不宜过长，应以触及皮带扣为宜，领带夹应该夹在衬衣第四、五粒纽扣之间。

（7）西服袖口的商标牌应当剪掉，否则就不符合西服穿着规范，高雅场合甚至会成为别人的笑料。

（8）注意西服的保养。保养存放的方式不对，会对西服的造型和穿用寿命产生不良影响。高档西服要吊挂在通风处并常晒晒太阳，注意防虫与防潮。有皱折时可挂在高温的浴室里，利用蒸气使皱折展开，然后再挂在通风处。

特殊场合的服装礼仪有哪些？

在庄重的场合里，我们应穿着严肃、大方的礼服。比如国家庆典仪式、国宴、国际会议、国家领导人接见、大使递交国书、签约等等这些场合，元旦国家领导人团拜等也都应穿礼服。在中国，男同志一般着深色中山装或者西服，女同志则着西装或长裙，最好是

单色连衣裙。

外国对宴会服饰的要求比较严格，从服饰的要求往往能体现宴会的隆重程度。通常我国出国人员参加宴会着装应首先尊重当地的民族习惯和东道主的要求，如请柬要求穿礼服，男同志应穿中山装、西装或民族服装；女同志则最好穿旗袍或长裙。同时男同志应该修饰一下、女同志应该化妆，否则被认为是没有礼貌的。

参加葬礼、吊唁活动，着装就应当严肃一些。男同志一般可着黑色或深色中山装或者西装，女同志着深色衣服，内穿白色或暗色衬衣，最好不化妆，不戴装饰品。

参加婚礼，到朋友家做客，参加联欢会等，则无论男女老少都尽可能要穿得美观大方一些。女同志应适当妆饰打扮。

一般情况下，在乘汽车、火车、轮船、飞机旅行时，可穿得随意一些。但若在登机、上车以前，或下车、下机以后有迎送仪式，则应当考虑更换衣服，以礼服为主。

着装有哪些注意事项？

无论穿着什么服装，均应注意整齐、干净、挺直。在任何情况下，都不应穿短裤参加涉外活动。女同志衣着尽量要有自己的特色，夏天可光脚穿凉鞋。穿袜子时要注意袜口不能露在裤、裙之外。

不论参加什么活动，进入室内场所均应摘帽、脱掉大衣、风雨衣、套鞋等，并送指定地点存放。男同志任何时候在室内不得戴帽子、手套、围巾。在西方国家，女士的纱手套、纱面罩、帽

子、披肩、短外套等，作为服装的一部分则在室内穿戴。

在室内戴黑色眼镜，通常被视为是不礼貌的。在室外，如果遇有隆重仪式或迎送礼节性场合，也不应戴黑眼镜。当有眼疾必须戴有色眼镜时，应主动向客人或主人说明缘由，或在握手、说话时将眼镜摘下，离别时再戴上。

如果在家中或旅馆接待临时来访的外国客人时，着装不可以太随便。不得赤脚或只穿内衣、睡衣、短裤等，如来不及更换，应请客人稍坐休息，立即换上合适的服装，穿上鞋袜。

交往礼仪篇

常用的礼貌用语有哪些?

常用的礼貌用语有:"您好"、"请"、"对不起"、"谢谢"、"再见"等。常用的见面用语有:"早上好"、"下午好"、"晚上好"、"您好"、"很高兴认识您"、"请多指教"、"请多关照"等。常用的感谢用语有:"谢谢"、"劳驾了"、"让您费心了"、"实在过意不去"、"拜托了"、"麻烦您"、"感谢您的帮助"等。

另外,还有一些常用的致歉用语:

(1)打扰对方或向对方致歉时应说:"对不起"、"请原谅"、"很抱歉"、"请稍等"、"请多包涵"等。

(2)在接受对方致谢致歉时应说:"别客气"、"不用谢"、"没关系"、"请不要放在心上"等。

(3)告别语:"再见"、"欢迎再来"、"祝您一路顺风"、"请再来"等。

(4)忌用语:"白痴"、"不知道"、"笨蛋"、"你不懂"、"你去死吧"、"狗屁不通"、"猪脑袋"等。

有这样一段礼貌用语顺口溜:"您好"不离口,"请"字放前头(放在请求别人做事的话之前),"对不起"时时有,"谢谢"跟后头(用在别人帮助我们之后),"再见"送客走。

此外,常用礼貌用语还有一首七字诀:

与人相见说"您好",问人姓氏说"贵姓",问人住址说"府上";

仰慕已久说"久仰",长期未见说"久违",求人帮忙说"劳驾";

向人询问说"请问"，请人协助说"费心"，请人解答说"请教"；

求人办事说"拜托"，麻烦别人说"打扰"，求人方便说"借光"；

请改文章说"斧正"，接受好意说"领情"，求人指点说"赐教"；

得人帮助说"谢谢"，祝人健康说"保重"，向人祝贺说"恭喜"；

老人年龄说"高寿"，身体不适说"欠安"，看望别人说"拜访"；

请人接受说"笑纳"，送人照片说"惠存"，欢迎购买说"惠顾"；

希望照顾说"关照"，赞人见解说"高见"，归还物品说"奉还"；

请人赴约说"赏光"，对方来信说"惠书"，自己住家说"寒舍"；

需要考虑说"斟酌"，无法满足说"抱歉"，请人谅解说"包涵"；

言行不妥说"见谅"，慰问他人说"辛苦"，迎接客人说"欢迎"；

宾客来到说"光临"，等候别人说"恭候"，没能迎接说"失迎"；

客人入座说"请坐"，陪伴朋友说"奉陪"，临分别时说"再见"；

中途先走说"失陪"，请人勿送说"留步"，送人远行说"平安"。

有了这样一段顺口溜和一首七字诀，人们就可以更为轻松地记下这些礼貌常用语了。

在交际中令人讨厌的行为是什么？

在与人交际的过程中，如果总是向别人诉说苦恼，包括个人经济、健康、工作、感情等情况，但是对别人的问题却不予理睬，也不感兴趣；甚至嘴里总是唠叨不停，只谈论一些鸡毛小事，或不断重复一些肤浅的话题，一无是处的见解，这无疑会令对方产生反感。

当然，除了这些情况之外，在交际中还有很多种情景会让人生厌：比如表情过分严肃，总绷着脸，不苟言笑；言语单调，面无表情，喜怒不形于色，目光呆滞；缺乏投入感，为人冷漠，悄然独立；过于敏感，语气浮夸粗俗；以自我为中心，自高自大；过分热衷于讨好别人，取得别人好感等等。

交际中损害个人魅力的 26 条错误是什么？

在与人交际中，如果我们不注意自己的言行，不仅会令人产生厌烦之情，更重要的是有损于自己的个人魅力。那么，究竟有哪些错误的言行呢？

（1）不注意自己说话的语气，经常以生气而且对立的语气说话。

（2）应该保持沉默的时候偏偏唠叨不断。

（3）随意打断别人的话。

（4）过多的使用人称代词，以至在每个句子中都有"我"这

个字。

（5）总是以高傲的态度提出问题，给人一种只有他最重要的感觉。

（6）与人交谈中插入一些和自己有私密关系，但却会使别人感到不好意思的话题。

（7）不请自来。

（8）爱吹牛皮，不知道天高地厚。

（9）嘲笑别人的穿着。

（10）总是在不适当时刻打电话。

（11）在电话中谈一些别人不感兴趣的无聊话。

（12）对不熟悉的人写一封内容过分亲密的信。

（13）不管自己知不知道，而任意对任何事情发表意见。

（14）公然质问他人意见的不合理性。

（15）以傲慢的态度拒绝他人的意见。

（16）在别人的朋友面前说一些贬低他的话。

（17）指责、排斥和自己意见不同的人。

（18）评论他人无能力。

（19）在他人面前指正部属和同事的错误。

（20）请求别人帮忙被拒绝后心生报复。

（21）利用友谊进行诈骗。

（22）用语不当或具有攻击性。

（23）当面表示不喜欢。

（24）总是沉浸在不幸或痛苦的往事中。

（25）对政治或宗教发出抱怨或不满。

（26）在公众场合表现过于亲密的行为。

如果我们在交际中注意到了这些，怎么还能处理不好人际关系，又怎么还会担心在交际中显示不出自己的魅力呢？

社交"十不要"指的是什么？

社会交际，特别是在现代商品经济发展社会，显得非常重要。国内外一些心理学研究了现代人的心理特点，提出了搞好社交的要点。归纳起来应做到以下"十不要"：

（1）不要到业务繁忙的人家去做客，即便有事必须去，也应在办妥后及早离开；也不要失约或做不速之客。

（2）不要到有事的时候才给人送礼。礼品与关系的亲疏应成正比，但无论如何，礼品应讲究实惠，切不可送人"多余"、"处理"之类的东西。

（3）不要故意引人注意，喧宾夺主，当然也不能畏畏缩缩，自卑自贱。

（4）不要对别人的事过分好奇，再三打听，刨根问底；更不要去揭发别人的隐私，触犯别人的忌讳。

（5）不要拨弄是非，传播流言飞语。

（6）不能要求旁人都顺着自己的脾气，要知道你的脾气也并不一定顺着别人，应该学会宽容。

（7）不要服饰不整，肮脏，头发凌乱，身上有难闻的气味。反之，服饰过于华丽、轻佻也会惹得旁人不快。

（8）不要毫不掩饰地咳嗽、打嗝、吐痰等，也不要当众修饰自己的容貌。

（9）不要目无尊长，礼节应有度。

（10）不要不辞而别，准备离开时，应向主人告别，表示谢意。

握手有哪些要求？

我们在与别人握手时，大概与对方保持一步远左右的距离，上身要稍微向前倾，两足立正，伸出右手，四指并拢，虎口相交，拇指张开下滑，向受礼者握手。

如果一个人与对方握手时掌心向下，就显示着这个人有强烈的占有欲，也无声地告诉别人，他此时处于高人一等的地位。我们应尽量杜绝这种傲慢无礼的握手方式。相反，掌心向里握手显示出一个人的谦虚和毕恭毕敬。平等而正确的握手姿态是两手的手掌都处于垂直状态，这是一种最普通也是最受欢迎的握手方式。

戴着手套握手是一种很不礼貌的行为。男士在握手前必须先脱下手套，摘下帽子。女士可以例外。当然在寒冷的室外也可以不脱。比如双方都戴着手套、帽子，这时一般也应先说声"对不起"。握手时应双方互相注视，微笑，问候，致意，看着第三者或显得心不在焉是一种不尊重别人的表现。

当两个人关系比较亲近时可以长久地把手握在一起，此外一般握两三下就行。握手不要太用力，但漫不经心地用手指尖"蜻蜓点水"式的碰一下也是无礼的。一般要将时间控制在三五秒钟以内。较长时间握手，并上下摇晃几下通常表示自己的真诚和热情。

握手时两手不可一碰就分开，以免让人感觉好像在走过场，又像是对对方怀有戒意。而握手时间过久，特别是拉住异性或初次见面者的手长久不放，显得有些虚情假义，甚至会被怀疑为"占女性

便宜"。

长幼、男女、上下级之间握手也有讲究。长辈和晚辈之间，长辈向晚辈伸手后，晚辈才能伸手相握；上下级之间，上级向下级伸手后，下级才能接握；男女之间，女方向男方伸手后，男方才能伸手相握；当然，若男方为长者，遵照前面说的方法握手。

如果在需要和多人握手的场合，握手时要讲究先后次序，由尊而卑，即先年长者后年幼者，先长辈再晚辈，先老师后学生，先女士后男士，先已婚者后未婚者，先上级后下级。

交际时如果在场人数较多，可以只跟邻近的几个人握手，向其他人点头示意，或微微鞠躬就行。还有一点，为了避免尴尬场面发生，在主动和人握手之前，应考虑一下自己是否受对方欢迎，如果本人已经察觉对方没有要握手的意思，点头致意或者微鞠躬就可以了。

总而言之，在公务场合，握手时伸手的先后次序主要由相关人员的职位、身份而定。而在社交、休闲场合，它主要取决于相关人员的年龄、性别、婚否。

当在接待来访者时，这一问题就变得不一样了：当客人到来时，应由主人首先伸出手来与客人相握。而在客人离开时，就应当由客人首先伸出手来与主人相握。如果前者是表示"欢迎"，后者就表示"再见"。这一次序颠倒，很容易让人发生误解。

应当强调的是，上述握手时的先后次序不必过于死板。如果自己是尊者或长者、上级，而位卑者、年轻者或下级抢先向你伸手时，立即伸出自己的手开始握手是最得体的表现。而不要置之不理，使对方当场出丑。

当你在握手时，不妨说一些问候的客气话，同时可以握紧对方的手，语气应直接而且肯定，并在加强重要词语时，紧紧握着对方的手，用以加强对方对你的印象。

哪些场合应当握手？

握手是当代世界上最为普遍的一种表达见面、告别、祝贺、安慰、鼓励等感情的礼节，当然，握手也是讲究一定的场合的，主要适合在以下这些场合：

(1) 当遇到久别重逢的熟人的时候。

(2) 在车站、机场等地方和认识的人道别时。

(3) 作为东道主的社交场合，迎接或送别客人时。

(4) 拜访他人，在分别的时候。

(5) 当自己被介绍给不认识的人时。

(6) 在社交场合，与亲朋故旧或上级偶然相遇的时候。

(7) 在他人给予你一定的支持、鼓励或帮助时。

(8) 在你表示感谢、恭喜、祝贺时。

(9) 当你对别人表示理解、支持、肯定时。

(10) 得知别人患病、失恋、解雇、降职或遭受其他挫折时。

(11) 在向别人赠送礼品或颁发奖品、证书时等等。

通常，上述所列举的情况下都是适合握手的场合。

握手有哪些禁忌？

生活中我们在行握手礼时应该努力做到合乎礼仪规范，避免犯下述失礼的禁忌：

（1）不要用左手相握，特别是和阿拉伯人、印度人等西亚人打交道时要牢记，因为在他们看来，左手是不洁的。

（2）我们在和基督教信徒交往时，要避免两人握手时与另外两人相握的手相互交叉，因为这种形状类似十字架，在他们看来这是很不吉利的。

（3）在和人握手时，尽量不要戴着手套或墨镜，因为只有女士在社交场合戴着薄纱手套握手才是可被接受的。

（4）应避免在握手时另外一只手插在裤兜里或拿着东西。

（5）不要在握手时表情生硬、不置一词或长篇大论、点头哈腰、过份客套。

（6）不要在握手时仅仅握住对方的手指尖，好像害怕别人的手把自己的手弄脏一样。正确的做法，是要握住整个手掌，即使对异性也要这么握。

（7）不要像拉锯一样把对方的手拉过来、推过去，或者上下左右抖个没完。

（8）不要拒绝和别人握手，即使是有手疾、汗湿或者其他情况，也要和对方说一下"对不起，我的手现在不方便"，以免造成不必要的误会。

鞠躬适用于哪些场合？

鞠躬一般比较适用于较为庄严肃穆的仪式场合或者其他场合。比如中学生对老师、晚辈对长辈、下级对上级、表演者对观众等都可行鞠躬礼；在颁奖仪式中，领奖人上台领奖时，应向授奖者及全体与会者鞠躬行礼；表演结束演员谢幕时，对观众的掌声常以鞠躬

致谢；演讲者演讲结束后也用鞠躬来表示对听众的敬意；每当遇到客人或表示感谢或回礼时，或是遇到贵宾时，也可行鞠躬礼等。

鞠躬时还要掌握几个动作要领：行鞠躬礼时需要面向客人，并拢双脚，目光由对方脸上落至自己的脚前1.5米处（15度礼）或脚前1米处（30度礼）。男性双手放在身体两侧，女性双手重叠放在身体的前面；鞠躬时必须先伸直腰、两脚并拢、双脚尖处微微分开，目视对方，然后将伸直的腰背由腰开始的上身向前弯曲；鞠躬时，弯腰速度不要太快，之后抬头直腰，动作可放慢一点，这样会给人一种很舒服的感觉。

哪些场合的鞠躬礼需要特别规范？

在有些场合中，鞠躬礼仪的要求是有特别规范的。

（1）遇见客人的鞠躬礼仪

如果公司内遇到宾客：要行15度鞠躬礼。

如果有宾客经过你的工作岗位时：要问候、行欠身礼。

如果领导陪同宾客到你工作岗位视察工作时：应该起立、问候、行15度鞠躬礼。

如果在电梯门口和电梯内遇见宾客时：应问候、行15度鞠躬礼。

若行走时遇到客人询问时：应停下、行15度鞠躬礼、回答。

（2）遇见同事和领导的鞠躬礼仪

每天与同事第一次遇见：问候、行欠身礼。

与很长时间没见的同事相遇：问候、行15度鞠躬礼。

与经常见面的同事相遇：行欠身礼。

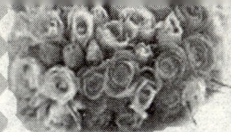

到领导办公室请示报告工作：敲门、听到许可之后进门、行 30 度鞠躬礼。

在公司内遇到高层领导：问候、行 15 度鞠躬礼。

（3）会议中的鞠躬礼仪

通常主持人或领导上台讲话前要向与会者行 30 度鞠躬礼。

主持人或领导讲话完毕后，向与会者行 30 度鞠躬礼，与会者鼓掌回礼。

如果你会议迟到了，必须向主持人行 15 度鞠躬礼表示道歉。会议途中，离开者必须向主持人行 15 度鞠躬礼示意离开。

（4）迎送客人中的鞠躬礼仪

客人到来时（公司大门口、电梯门口、机场），主人先问候然后行 30 度鞠躬礼。

在自我介绍或交换名片时，行 30 度鞠躬礼并双手递上名片。

主人在会客迎接客人时，起立问候，行 30 度鞠躬礼，待客人入座后再就坐。

主人在请客人喝茶时，行欠身礼。

主人送别客人时，说"再见"或"欢迎下次再来"，同时行 30 度鞠躬礼，目送客人离开后再返回。

（5）其他方面的鞠躬礼仪

在接受他人帮助表示感谢时，行 30 度鞠躬礼，并说"谢谢"。

在给对方造成麻烦或让对方久等时，行 30 度鞠躬礼，并说"对不起"。

在向他人表示慰问或请求他人帮助时，行 30 度鞠躬礼。

（6）特殊岗位人员的鞠躬礼仪

当前台小姐接待来客时：当来客到达前台2—3米处，前台小姐应起立行30度鞠躬礼、面带微笑。

楼层小姐接待客人：当客人走出电梯口时，楼层小姐应起身问候、行30度鞠躬礼，必要时为客人带路、开门。

当送茶水时：楼层小姐双手托盘在客人的右侧上茶后，后退一步行15度鞠躬礼，然后转身离开。

什么叫拱手礼?

在我国，拱手礼有着悠久的历史，至今已有两三千年了，它是一种最具中国特色的见面问候礼仪。拱手礼的动作要领是，行礼时，双腿并拢站直，上身保持直立或微俯，左手在前、右手握拳在后，两手合抱于胸前，有节奏地晃动两三下，并微笑着说出问候的话语。因为古人认为杀人的时候都是用右手握刀，右手在前杀气太重，所以右手握拳，左手在外把右手包住，这样代表有好的意思。而对于女子来说正好相反，应该是右手在前、左手握拳在后。

我们中国人是十分讲究以人和人之间的距离来体现出"敬"的，这种距离不仅散发着尊重气息，而且也比较符合当代卫生标准。所以很多礼学专家都认为，拱手礼不仅是最能反映中国人文精神见面的礼节，而且也是最合理的一种交往礼仪。它不仅能表达对别人的感谢和尊重，也能体现出浓厚的中国特色和人情味儿。如果您是一位外国友人，您一定也能从这个富含中国文化传统的问候中体会到我们的热情，您也许还会给我们回一个拱手礼呢。

在我国拱手致意通常用于什么场合?

每逢过节的时候，如春节等，邻居、朋友、同事见面时，常

拱手为礼，以表祝福；为欢庆节日而召开的团拜会上，大家共聚一堂，互相祝愿，常以拱手致意；每当婚礼、生日、庆功等喜庆活动，来宾也可以拱手致意的方式向当事人表示祝贺；朋友分别，互道珍重时可用拱手礼；有时向对方表示歉意，也可用拱手示意。

拱手致意时，往往与寒暄语同时进行，如："恭喜恭喜"，"久仰久仰"，"请多多关照"，"节日快乐"，"多多保重"等等。

"合十礼"指的是什么?

在我国，合十礼并不常见。所谓合十礼，其实也就是合掌礼，它是一种国际常用礼节，是以双手手掌紧贴，十指相合的形式来向其交往对象致意的礼节。例如，晚辈见到长辈行礼时，要双手高举至额头，两掌相合后需举至脸部，两拇指挨着鼻尖。男行礼人的头要略低，女行礼人除了头略低外，还需要右脚向前跨一步，身体略躬。长辈还礼时，只要双手合十放在胸前即可。拜见国王或王室重要成员时，男女行合十礼时还须跪下。国王等王室重要成员还礼时，点一下头即可。但是不管地位多高的人，遇见僧人时都要向僧人行礼而僧人则不必还礼。

从狭义上说，合十礼原本是一种佛教的专用礼节。因此，它在东南、南亚等一些普遍信奉佛教的国家里十分常见。在亚洲，合十礼是流行于泰国、缅甸、老挝、柬埔寨、不丹等佛教国家的见面礼节。此礼节源自印度，除印度佛教外，印度教、婆罗门教等古老的教派都有此礼。东盟国家的佛教沿袭了这一古老礼节，最初只适用于佛教徒之间的拜礼，后发展成全民性的见面礼。

行"合十礼"时要注意哪些？

在向他人行合十礼时，施礼者也可面含微笑，还可同时口颂祝词或问候对方。但是，最佳的神态却是神态庄重严肃。此刻嬉皮笑脸，油嘴滑舌，探头探脑，手舞足蹈，或者挤眉弄眼是绝对不允许的。

另外，由于源自宗教礼节，所以合十礼在其施行之时要郑重其事。它的标准做法是：双掌手掌相合于胸部正前方，五指并拢，指尖朝天，手掌上端大体与鼻尖基本持平，双手在整体上向外侧倾斜，双腿保持直立，上身微欠，低头。行礼之时，身体一般应当立正不动。不过，只要不是快速急行，在缓步行进时，亦可施行此礼。

根据传统习俗，在向别人行合十礼时，把合十的双手举得越高就越能体现出对对方的尊重。然而日常生活中，在正式场合向别人行合十礼时，原则上手掌不应高过自己的额头，唯有向佛行礼之时，才将合十的双手举得较高。

"合十礼"可以分为哪几类？

"合十礼"主要可以分为"跪合十"、"蹲合十"、"站合十"。

"跪合十"是各国佛教徒拜佛祖或拜高僧时所行的礼节。行礼时，双腿跪地，双手合掌于两眉中间，略微低头，以示虔诚恭敬。古印度《法华经》载："即从座起，整衣服，偏袒右肩，两膝着地，一心合掌，曲躬恭敬，瞻仰尊颜。"

"蹲合十"是某些国家的人在拜见父母或师长时的一种常用礼

节。行礼时，身体蹲下，并将合十的手掌举至两眉间，表示尊敬。

"站合十"主要在一些国家的民众之间、平级官员之间相拜，或下级官员拜见长官时常用的一种礼节。行礼时，要保持站正，将合十的掌尖置于胸部或口部，以示敬意。

自我介绍有哪几种具体形式？

自我介绍一般有应酬式、工作式、交流式、礼仪式和问答式这几种形式。

应酬式的自我介绍一般比较适用于某些公共场合和一般性的社交场合。它的对象主要是进行短暂接触的交往对象。

工作式的自我介绍一般适用于工作场合。工作式的自我介绍的内容，应当包括本人姓名、工作单位及其部门、担负的职务或从事的具体工作等内容。

交流式的自我介绍一般用于正式社交活动中。它是一种有意寻求与交往对象深一步交流与沟通，希望对方认识自己、了解自己、与自己建立日常联系的自我介绍。交流式自我介绍的内容，通常应当包括介绍者的姓名、工作、经历、学历、爱好以及与交往对象的某些熟人的关系。

在出席会议、报告、演出、庆典、仪式等一些正规而隆重的场合时，通常采用礼仪式的自我介绍，礼仪式的自我介绍是一种以表示对交往对象友好、敬意为目的的自我介绍。礼仪式的自我介绍的内容一般包含姓名、单位、职务等项，但是还应多加入一些合适的谦辞、敬语，以示自己礼待交往对象。

问答式的自我介绍一般适用于应试、应聘和公务交往等场合。

问答式的自我介绍内容要求问什么答什么，有问必答。

自我介绍需要掌握哪些分寸？

在进行自我介绍时，我们通常要掌握以下几个方面的要领：

（1）注意时间

自我介绍时的时间一般要控制在 1 分钟左右为佳，如果没有特殊情况，最好不要长于 2 分钟。进行自我介绍时应把握适当时机，一是对方有兴趣时，二是对方有空闲时，三是对心情好时，四是对方干扰少时，五是对方有要求时。进行自我介绍的不适当时机，是指对方无兴趣、无要求、工作忙、干扰大、情绪低落、休息用餐或正忙于其他事情的时候。

（2）讲究态度

在进行自我介绍时，态度务必要自然、谦虚、亲切、随和。讲话时应该显得落落大方，笑容可掬。既不要太小家子气，畏首畏尾，又不要虚张声势，轻浮夸张，矫揉造作。

（3）力求真实

切勿自吹自擂，不要让人觉得里面水分很大，对你产生怀疑。

介绍他人时需要注意哪些问题？

介绍他人时我们首先要了解双方是否有结识的意愿，不要自作主张冒然行事。如对方同意，那么再正式介绍。介绍他人时，通常中介人应当有礼貌地以手示意，四指合并，拇指自然张开，指向被介绍的一方，还应当注意面朝双方而不能背对任何一位，同时目光要朝向要告知的人。介绍用语，一般可用"请允许我向您介绍一

下",然后再介绍双方,如说:"这位是女士,是某县实验小学教师"或"这位是先生,是我的朋友,在某县某高中工作"。

另外,在介绍时一定要面带微笑,表情自然,清楚完整地说出介绍语,有时还可用些定语或形容词,或介绍些兴趣爱好等,为双方提供说话的话题。当介绍者介绍完毕,被介绍者双方应依照合乎礼仪的顺序进行握手,并且彼此使用"您好"、"很高兴认识您"、"久仰大名"、"幸会"等语句问候对方。

介绍他人时应掌握哪些原则?

在为他人介绍时,我们要注意介绍的顺序。通常是先把年龄小的介绍给年长的;先把职位低的介绍给职位高的;先把客人介绍给主人;先把男士介绍给女士。

另外,在双方的职位和年龄差不多时,应当先把与自己关系比较密切的人引见给另一方。

如果说想把一个人介绍给许多人时,首先应该向大家介绍这个人,然后再把众人逐个介绍给这个人。众人的介绍可以按照座位次序或职务次序一一介绍。

交换名片时要注意哪些问题?

如果需要交换名片,做好准备工作是一个很重要的问题,这个工作做得是否正确将直接影响到商务活动,应在平时多留意自己的名片是否充足,不够时要及时补充,不要在递名片时突然发现名片没有了,然后临用时再印刷,这样既耽误事情,印刷成本也高。名片的质量也不能忽视,名片还要保持干净整洁平整,切不可出现折

皱、破裂、肮脏、污损、涂改的情况。最好先准备个专用的名片夹放置名片，也可以放在皮包或上衣口袋内，在办公室应选择放在名片夹或办公桌上，切不可随便放在钱包、裤袋内，以免在找名片时不知所踪。

在递交名片时我们应该注意以下几个问题：

（1）察言观色。这种需要往往会通过"幸会"、"认识你很高兴"等一类型的谦语和表情、体态等非语言符号体现出来。

（2）把握时机。发送名片要把握时机，一般应该选择初次见面之时或分别之时，不宜过早或过迟。

（3）讲究先后次序。最佳方法是由近而远、按顺时针或逆时针方向依次发送。

（4）先示意一下。递上名片时，应先向接受名片者示意一下，令对方有所准备。既可先介绍一下自己，也可以说"可否交换一下名片"之类的提示语。

（5）表情、语气谦恭一些。对于递交名片这一过程，切勿轻浮行事，要表现得郑重其事。要起身站立主动走向对方，面部自然微笑，上体前倾15度左右，以双手或右手握着名片，举至胸前，并将名片正面面对对方送达名片。同时说"请多多指教"、"欢迎前来拜访"等礼节性用语。应当避免用左手持握名片，递交名片的全部过程应当谦逊有礼，郑重大方。

在接受名片时我们也应该注意一些问题：

（1）在接受他人名片时，不论有多忙，都要把手中一切事情放下，并马上起身站立相迎，面含微笑，双手接过名片。至少也要用右手，而不可用左手去接。

（2）认真地看名片。接过名片后，先向对方致谢，然后迅速地将其从头至尾默读一遍，遇有写明对方荣耀的职务、头衔可以轻读出声，以示尊重和敬仰。若对方名片上的内容有所不明，可当场请对方明示。

（3）精心保存。接到他人名片后，不要将其随意丢在一旁、乱揉乱折，而应当将其小心地置于名片夹、皮包、办公桌或上衣口袋之内，且应与本人名片区别放置。

（4）有来有往。每当接受了他人的名片后，一般应当即刻把自己的名片递给对方一张。如果没有名片，名片用完了或者忘了带名片时，应如实向对方作出解释并致以歉意，切莫一声不吭。

如果我们想索要名片，要先向对方提议交换名片，然后主动递上本人名片，再委婉地索要名片。晚辈向尊长索取名片，可以这样说"今后如何向您老请教"；向同辈或晚辈索要名片，可以这样说"以后怎样与你联系"。

赠送礼品的"5W"法则是什么？

我们在赠送礼品时，从礼仪的角度来考虑，一定要遵守"五W原则"，即需要注意五大要点（因为它们的英语说法第一个字母都是W，所以简称"五W"原则）。

第一个W（Who），即礼品送给谁。要首先弄清楚受赠的对象，然后根据不同的民族风俗、宗教习惯等区别对待。如果你直接送到李二手上，那不存在这方面的顾虑；如果你到李二家作客，是送给他？他妻子？他孩子？或他父母？那就有讲究了。

第二个W（What），意即送什么东西。送给谁的问题解决之后，

就会随之产生第二个问题：送什么？通常来说，从送礼者的角度出发，有下面几个问题需要明确：其一，时尚性，或叫时效性。比如在天气已经变得暖和的时候还送别人一件羽绒服，就不合时宜，也就是没有时效性；如果现在你还给别人送传呼机，是不是太落伍、不时尚？其二，独特性。记住三句话："人无我有"，"人有我优"，"人优我新"。不管是吃的还是用的，都可以适用这一点。如中秋节，大家都送月饼，就没有什么独特性，也不利于存放。其三，便携性。就是要便于携带。对于外地客人送礼品时，这一点一定要注意。其四，注意数目。虽然说礼多人不怪，但也要注意礼品的数量。比如说有些地方的人忌讳"四"这个数，而有的地方的人却不喜欢"七"这个数，这都是要注意的问题。其五，注意送礼的禁忌。比如给老人送什么花、新人送什么花是不同的；再比如，我国民间普遍忌讳送礼送"钟"的，因为那样总是让人联想到"送终"，所以会大大得罪于人；还有的人甚至还不愿意别人送"书"给他（因为"书"与"输"同音）。这些都必须要注意。

第三个 W（Where），意即在什么地方送礼品。赠送礼品，通常需要考虑其具体赠送场合。例如公务交往中的礼品一般应该在办公地点赠送，以表示郑重其事，公事公办，并给人以非常正规的感觉。与之相反，私人赠送的礼品则一定要选择在私人交往的地方赠送，以表示公私有别。

第四个 W（When），意即什么时间送。一般的原则是：拜访别人时赠送的礼品应该见面的时候拿出来，这叫登门有礼。它还有两点好处：其一，它能够给别人一个良好的印象，表示你对别人的重视。其二，它能够形成良性互动。主人向客人送礼一般是在客人将

要离开时才送。对外地客人，通常在临行前夜送最为合适，人家也好先收拾一下；对本地客人，则宜在客人将要离开时拿出来为宜。公务礼品的赠送时间一般也分为两种情形：一是在主管领导会见对方时赠送，以表示重视并能提高档次；二是在告别宴会上赠送，它是一个终曲。

第五个 W（Which），意即如何赠送。它的具体内涵是：应该怎样赠送？以何种具体方式送？它主要强调以下两点：第一点，但凡情况准许的话，我们就需要亲自赠送礼品（礼品通常有三种赠送方法：自己送、托人送、寄送）。在公务活动中，礼品最好由单位主管领导亲自赠送，这样可以提升礼品的规格。第二点，一般礼品最好包装一下。

送礼品时需要注意哪些问题？

我们中国人自古以来一向注重交情，赠送礼品是表达友情的一种方式。送礼要选择好时间，最好是在传统节日或具有纪念意义的日子里，如春节、中秋节、重阳节、生日、婚礼日等。此外，若接到朋友喜庆请帖时，也应送礼。

送礼不必太贵重，应体现"礼轻情意重"，要注重纪念意义。可选送一些有纪念意义的、有特色的东西作为礼品，如能赠送即使有钱也难买到的特殊纪念品则更佳。另外，还要考虑到客人的兴趣爱好，如对方是文化人，可以送张国画，名著。如对方较高雅，可以送音乐盒等。总之，应使礼品内在价值大于其外在价值，切不可将送礼变成行贿。

喜礼一般要在结婚之前送到。对于比较铁的朋友，即使对方请

帖未到，也可先行送礼。开张答谢礼务必在揭幕或剪彩之前数小时送到，以送花篮最为普遍，也有送镜屏或对联的。问候礼在得知朋友、同事生病时可以送一些水果或鲜花。如果朋友帮过你的忙，为了表示你的感谢，送对方一些酬劳礼也是理所当然的。凡这类送礼，不可太一般，所送的礼物，第一要投对方所好，第二要适合对方使用，要因人而异。赴宴礼品最好在宴会开始前送到主人家，以表示对主人的恭敬。如拜访私人家邸，应当注意为女主人带些小艺术品、土特产等。如果家里有小孩，可以带些零食玩具。吊丧赠礼通常以花圈、挽联为多。

赠送的礼品最好有彩色包装。送礼时一般应该亲自赠送，可附上祝词和名片。收礼时通常当面打开包装欣赏礼品，并握手致谢："我非常喜欢"、"好精致"、"谢谢"等。收到寄来的礼品，应及时回复短信或名片致谢。

人多的场合如何赠送礼品？

在人比较多的场合，如果我们想要赠送礼品，通常首先要考虑礼品的数目、礼品发放的范围、礼品的类别。在人多的场合发放礼品，往往容易漏掉一些人，因此，要格外注意礼品的数量。最好多备一些，不可少发，否则会导致一些尴尬。也可事先协商好，先赠送主宾，其他客人的礼品另择机赠送。另外，人多的场合赠送的礼品不宜过于昂贵或具有针对个人的倾向。

送花有哪些小常识？

由于各民族习俗有所不同，送花亦有讲究，不可生搬硬套。每

一种花都代表某种含义，蕴藏着无声的语言，因此，送花时应根据对方的情况赠送不同的花种。

如果给长辈祝寿，最好送长寿花或万年青，长寿花象征着"健康长寿"，万年青象征着"青春永驻"。

恋爱中的男女，一般送玫瑰、百合花或桂花。这些花美丽、高雅、芳香，是爱情的信物和象征。男女之间表示爱情的花，最好选用红色的玫瑰、百合、郁金香、扶郎花等。

在国内祝贺结婚的除用玫瑰、百合、郁金香、香雪兰、扶郎花外，还可赠送菊花（国内作喜花看待）、剑兰、大丽、嘉特兰、风信子、舞女兰、石斛兰、大花慧兰等。新娘子在披纱时手里的捧花，除了有玫瑰、百合、郁金香、扶郎花、菊花、剑兰、大丽、风信子、舞女兰、石斛兰、大花慧兰等外，如果再加入两枝满天星，将更加超凡脱俗。

通常在节日期间看望亲朋时，适合送吉祥草，象征"吉祥如意"。朋友离别时，宜送芍药，因为芍药不仅花朵鲜艳美丽，且含有难舍难分之意。

夫妻之间可以互赠合欢花。合欢花的叶长，两两成对，晚上抱拢在一起，象征着"夫妻恩爱到老"。

如果有人爱情遭受挫折适宜送秋海棠，因为秋海棠又名相思红，寓意苦恋，表示安慰。

给病人送花有很多应该注意的地方，探望病人时不要送整盆的花，以免病人理解为久病成根。香气过浓的花对手术病人不利，易引起咳嗽；颜色太鲜艳的花，会刺激病人的神经，容易产生烦躁情绪；山茶花容易凋谢，被认为不吉利。看望病人宜送兰花、水仙、

马蹄莲等，或选用病人平时喜欢的品种，可以使病人心情舒畅，早日康复。

看望德高望重的老者，宜送兰花，因为兰花品质高纯，又有"花中君子"之美称。

通常新店开张，公司开业，宜送月季、紫薇等，这类花开花的时间长，花朵比较多，寓意"兴旺发达，财源滚滚"。

如果是祝贺友人的生日，凡属喜庆的花都可相赠。但对于长辈就应赠送万寿菊、龟背竹、万年青、报春花等代表延年益寿含意的花草为好。比如能赠送国兰、松柏、银杏、古榕等盆景则更能表达祝寿的心意。

不适宜赠送的物品有哪些？

赠送礼物时，物品的选择也尤为重要，一些物品是不能作为礼物送人的。

首先是刀子。如果你赠送一把刀子，会被认为含有一刀两断的意思，应避免选作礼品。但有两种刀有时可以作礼品赠送：一种是富含民族特色的礼品刀（如藏族弯刀），另外一种就是瑞士军刀。这两种刀在许多国家很受欢迎。

其次是钟表和鞋子。钟常常代表死亡，或代表时间的流逝，因此不宜作礼品送人。鞋子往往被认为不洁或晦气，所以也应当避免作为礼品。

最后是药品。药品常常与疾病、不健康或死亡紧密联系，所以应该避免作为礼品。

此外，一些动植物活体、生鲜食品、种子不宜送外国来访客人，

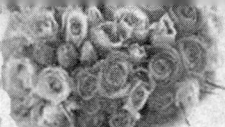

因为许多国家的检疫站依照相关的动、植物检疫条例是不允许此类东西进入国门的。

赠送礼品的包装应注意什么问题？

通常包装礼品前一定要把礼品的价格标签取掉，如果去不掉，则应把价目签用深色颜料涂掉。

易碎的礼品一定要装在铁、木头等硬质材料的盒子里，然后填充柔软材料，如海绵、棉花等，外面再用礼品纸包装。

要注意从色彩、图案、质地等方面选择适合的包装纸。不选用纯白、纯黑色包装纸。要注意不同国家和民族的人对颜色与图案有不同的看法。如果用彩带扎花，不能结出"十"字状，日本人则不喜欢"蝴蝶结"。

如果礼品是托人转交的，或者为了保证受礼人知晓礼品是谁送的，可以在礼品包装好后，把送礼人的名片等相关信息放在一个小信封中，粘贴在礼品纸上。

如何把握赠礼的时机？

通常赠送礼品有着严格的时间要求，一般习惯是：

送花可以在迎送开始的时候。

在会谈会见的场合一般在起身离开时赠送。

签字仪式一般在仪式结束时互赠礼品。

用餐时：正式宴会如果安排有礼品互赠仪式，应按计划在相应时间段赠送，除此之外，一般是在宴会结束时互相赠送；家宴一般在开始前赠送。

祝贺欢庆：一般是在活动开始时或者提前赠送礼品。

赠礼的方式有哪些？

如果是在会谈会见等场合，通常由最高职位的人代表本方向对方人员赠送礼品；赠送应从地位最尊的人开始；如果相关人员职位相同，应先赠女士后赠男士，先赠年长者后赠年少者。

通常赠送礼品应双手奉送，或者用右手呈交，不要用左手。

另外，有些国家的人在接受礼品时有推脱的习惯，但这只是一种礼貌，并不代表拒绝。如果赠送的礼品确实没有行贿之意，则应大胆坚持一会。如果对方坚持拒收，则可能确实有不方便接受的理由，不能一再强求，也不应产生不高兴的情绪。

如何接受赠礼？

日常生活中接受礼品看起来很简单，但其中也有一些需要注意的地方。例如：

一般不当面拒收礼品。如果认为对方的礼品不合时宜，应当在事后及时予以说明，取得对方的理解后再行退还。

一般而言，我们中国人接受礼品时，在表示感谢后，通常会把礼品收起来，而西方人往往习惯于当面打开礼品，表示称赞，有时候还会表示礼品正是自己盼望已久的物品等等。

接受赠礼要落落大方。对于实在不能接受的礼品，要向送礼者说明缘由、婉言相拒；对能接受的礼品，接受就可以了，没必要半推半就。

接受赠礼后要表示感谢。不仅要当即表示感谢，还要称赞对方

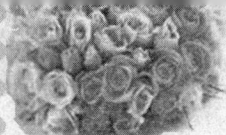

的礼品。如果是托人赠送或寄送来的，可通过电话、信函等方式表示感谢。

接受赠礼后要保持低调。不要在人前炫耀礼品是谁谁赠送的，别人问时不妨可以讲出来。

礼品如果没有很特殊的事由不要转赠他人。这是很不礼貌的行为，人家知道后一定很不高兴。这是礼品善后的事。

回礼要注意哪些时机与方式？

一般而言，来客如果赠送礼品，主人则应回礼。回礼的方式可以多种多样，既可以回赠一定礼品，也可以用招待对方的方式来回礼。如果是回赠礼品，也应注意一些问题：

（1）不超值。回礼的价值一般与对方赠送礼品的价值相当，否则会给人攀比之感。

（2）如果收到私人赠送的礼品，回礼时应该找一个恰当的缘由和合适的时机，不能为了回礼而不考虑时间、地点单纯回送等值的物品。

涉外交往中如何送礼品？

通常外国客户比较多的公司免不了要赠送礼品，如探望病人或参加婚礼、生日的时候送上一束鲜花；相处较长的外宾分别时，赠送一两件有意义的纪念品，则是一种友好、祝愿或者感谢的表示。

涉外秘书要懂得挑选礼品。礼品的价值不在于是否昂贵，而在于是否合适。一份适时宜人的礼物就会增加友情。选择礼品时，最好选一些物美价廉、具有纪念意义、有民族特色并有一定艺术珍藏

价值的物品，比如对方所喜爱的小艺术品、小纪念品、食品、花束、书籍、画册或一般日用品等。

赠送的礼物通常要用礼品纸（花色、彩色纸）包装。即使礼品本身有外包装，也要另加包装，然后用彩色丝带系上漂亮的蝴蝶结、梅花结等。

礼品通常还应当面赠与（参加婚礼或送别可预先送去）。庆祝节日、赠送年礼，可派人送上门或邮寄，并在礼品上粘贴送礼人的名片，也可书写贺词，装在尺寸相当的信封内。信封上写清楚受礼人姓名（不写地址）。

邀请的方式有哪些?

在生活中，邀请通常还被称为邀约或邀集。从交际这个角度来看待邀请，它事实上乃是一个双向的约定行为。当一方邀请另一方或多方人士前来自己的住所或者其他某处地点约会，以及出席某些宴会时，邀请方不能仅凭自己的一厢情愿行事，而是必须先取得被邀请方的同意。作为邀请者，不能不切实际，无事生非，自寻烦恼，既麻烦别人，又自讨没趣。作为被邀请者，则需要及早地作出符合自身利益与愿望的回应。不论是邀请者，还是被邀请者，都应该把邀约当做一种正规的商务约会来对待，对它绝对不可以掉以轻心，毫不放在心上。

通常对邀请者而言，发出邀请，如同发出一种礼仪性很强的通知一样，不仅要求符合常礼、取得被邀请者的良好回应，而且还必须使之与双方各自的身份地位相符，以及符合双方之间关系的现状。

在一般情况下，邀请有正式与非正式两种形式。正式的邀请，

既讲究礼仪，又要设法使被邀请者不宜忘记，因此人们多采用书面邀请的形式。非正式的邀请，往往是以口头形式来发出的，相对而言，它要显得随便一些。

如果是书面邀请，请柬是一种较常用的书面邀请形式。有商场统一印制的通用型，也有本单位特别印制的专用型。格式基本相同，通常封面制作得很精美。里面写明宴请目的，被邀请人的姓名，宴请的形式、地点和时间，主办者的名称。如果是涉外宴请，还应有中外文对照或索性用客人所在国文字印制。请柬通常不用标点符号，版面设计应美观大方，填写应字迹端正工整，让人一目了然。请柬应该根据主宾之间地理位置的远近和通讯联系的方便程度，提前6天收到为好，要在时间上给宾客留有余地，以便他们能安排好自己的事项。

通常正式宴会的请柬在制作和发送时，还需注意：如果之前已口头（或电话）预约过、通知过被邀请方，仍应在宴会前正式发送一份请柬，以表示郑重和诚意；如能确定对方"一定会来"，可在请柬上标明来宾在宴会上的桌号位次，以便他赴宴时，落座不乱。一份精美的请柬，不仅能起到礼仪、通告、备忘的作用，还是一份珍贵的纪念品。

和请柬相比，邀请信多为手写，也有电脑打印的。邀请信的格式各种各样，内容要求详尽，可以因事因人而异，文字的长短不限。邀请信给人以亲切感，不像请柬那样显得刻板和格式化。

邀请信应该写得真诚热情，要把邀请目的，具体事项，邀请时间、地点交代清楚，还可以向被邀请者说明一下有关服饰和回复等方面的要求。主要包括：简短的问候和寒暄；阐明宴请的形式和设

宴的缘由；大概说明一下这次宴请安排的内容，例如中间有无文艺表演和舞会的安排，是否要求客人做席间演说等；对远道客人的时间要求、服饰要求以及设宴地点的具体位置和交通车次介绍，并恳请对这次宴会给予意见和协助等；盛情邀请光临并要求尽快回复，以便安排和落实座次。

一些不太正式的邀请，比如电话邀请，尽管不太正式，但也要和书面邀请一样讲究和重视文明礼仪。书面邀请，在撰写时还有可推敲的余地，而电话邀请，时间短暂，通话时的语言、语调必须使对方感受到盛情和诚意，所以通话前应写好说话提纲，或先理好头绪，避免说话没有层次，该表达的主要内容被遗忘，次要的话说得过多。用语比书面邀请更有讲究，要从措辞、语调上让对方感受到诚挚、热情，以给对方留下好的印象。如果被邀请者本人不在场，要建议接话人作好备忘录并且即时转告被邀请者。

此外还有口头邀请，口头邀请一般适用于非正式的或小范围的宴请。举办人准备设宴时，应先征询一下被邀主宾的意见，最好是双方碰面时，顺便口头约请一下。口头邀请，有时不能马上得到对方的肯定答复，可再找时间约定，或用电话表达邀请的诚意，以期望得到对方的最后正式答复。口头邀请，也可委托他人传话转告，并请转告者尽快将原话告诉给被邀请者。口头邀请时，表达必须热情诚恳，一旦约定好了，双方应该遵守信用。

不管是书面邀请、电话邀请，还是口头邀请，都应符合礼仪要求：内容全面，称谓正确，字体清晰，话语亲切、大方、热情。另外，还应注意邀请的时机和场合，本着与被邀请者商量的态度，把邀请工作做好。

餐桌前吸烟应注意哪些礼仪？

在餐桌前常常会有人提出"我可以抽烟吗"这样的请求，旁边的人即使讨厌，往往也不好意思说"不行"，结果不抽烟的人不得不忍受烟味，这是很不公平的。所以在餐桌前吸烟需要注意一些礼仪问题。

抽烟最好的时间应当在用餐后饮用咖啡或茶等饮料时。有些人刚坐下就开始抽烟，这是严重违反用餐礼仪的。通常正式的座席上都放置有烟灰缸，但大都是放在手无法够着的地方，这意味着"用餐当中不许抽烟"。在餐厅也是一样的，可以抽烟的时间应是在用完甜点，饮用咖啡或茶等饮料的时候。

如果确实忍不住很想在用餐时抽烟，可以向服务生表明一下，请他为你在吸烟区找个位置。因为烟味不但减损料理的香味，而且也会让其他人感到不舒服。所以即使你们已经在饮用咖啡或茶等饮料，但其他桌的人也许还在用餐，所以无论何时最好还是不要抽烟。

如果是递烟的时候，通常应将烟盒盖轻轻打开，将烟盒的上部对着客人，用手指轻轻弹出或抖出一两支香烟让客人自己拿，不要自己用手指取烟递给客人，那样在别人看来不卫生。

如果为客人点烟，则最好是打一次火只为一个客人点烟，最多也只能为两人点烟；如果用火柴点火，每点燃一根火柴，也不能为两人以上的人点火；点过之后，应先吹灭火柴以后再丢进烟灰缸中。

主人在为多位客人点烟时，点烟的先后顺序应是：身份高的、年长的、女士在先。注意：为客人点烟时，刚打着的打火机，你不知道它的火焰大小，也不知几次能打着，不可直接送到客人脸前打

一口气读懂礼仪常识

火；刚划着的火柴头有呛人的硫磺味，要等火焰燃烧稳定后，再送到客人面前。按欧洲人的习俗禁忌，同一根火柴不可以给第三个人点烟，接待外宾的时候要注意。

另外，还要注意吸烟的方法。若想吸烟应礼貌地请示一下："我可以吸烟吗？"在女同志面前吸烟，一般要征得对方同意："我吸烟您不反对吧？"吸烟时，举止动作也应端庄而自然，拿烟的手不能随意晃动，不能把烟雾吹到别人的脸上和饭菜上。一支烟，通常不可吸到滤嘴边沿，那样会显得吝啬、小气，也不要刚吸到一半就丢掉，故充阔绰。

如果餐桌上没有烟灰缸，吸烟就可能把烟灰弄到餐桌上，这是不文明的。如果没有准备烟灰缸，要等到餐事完全结束后才能抽烟（当然要先向女主人问是否可以吸烟）；如果是在餐馆里就餐，烟灰缸不在桌上时，吩咐服务员拿来就是；不能用小碟子等代替烟灰缸；不能叼着烟说话；无论别人是否吸烟，无论是否故意，都不能把烟雾吹到别人的脸上；随时随地都把烟灰、烟头放入烟灰缸中熄灭。

宴会有哪些分类？

以用餐为形式的社会交往活动就是通常我们指的宴会。宴会一般可以分为正式宴会和非正式宴会两种类型。

正式宴会，是一种重大而正规的宴请。它通常是为宴请专人而精心准备的，在比较高档的饭店或是其他特定的场所举行的，讲究场面、气氛的大型聚餐活动。对于到场人数、衣装搭配、席位排列、菜肴数目、音乐演奏、宾主致词等，往往都有十分严格的要求和讲究。

非正式宴会，也称为便宴，多见于日常交往，但也可适用于正式交往。它的形式从简，主要为了人际交往，而不注重规模、档次。一般来说，它只邀请相关人员参加，不邀请配偶，对穿着打扮、席位排列、菜肴数目则不作严格要求，而且也不安排音乐演奏和宾主致词。

参加宴会时应注意哪些问题？

通常要参加宴会，那么你就需要注意形象问题，首先必须把自己打扮得整洁大方，这是对别人也是对自己的尊重，此外还要按主人邀请的时间准时赴宴，切勿迟到。除酒会外，一般宴会都要求客人提前半小时到达。因其他原因在宴会开始前几分钟到达，也不算失礼。但迟到就显得对主人不够尊敬，非常失礼了。

宾客当走进主人家或宴会厅时，应首先跟主人打招呼。同时对其他来客，不管是否认识，都要微笑点头示意或握手问好；对长辈则要主动起立，让座问安；对女士则应举止庄重，彬彬有礼。

一般入席时不可随意就坐。自己的位置应听从主人或招待人员的安排，因为有的宴会主人早就安排妥当了。如果座位没定，应注意分清上座、下座。正对门口的座位是上座，背对门的座位是下座。上座应让身份高者、年长者以及女士先入座，自己应当找适当的座位坐下。

入座后坐姿端正，脚放在本人椅子下，不要任意伸直或两腿随意摇晃，手肘不得靠桌沿，或将手搭在邻座椅背上。入座后，不要旁若无人，也不要一言不发眼睛直盯盘中菜肴，显出迫不及待的样子。可以和同席客人轻轻交谈。

用餐时应该衣着整洁，不要脱外衣，更不要中途脱外衣。一般是主人示意开始后再开始用餐。就餐的动作要文雅，夹菜动作要轻稳。而且要把食物先放到自己的小盘里，然后再用筷子夹起放进嘴。把食物放进嘴时，要小口进食，两肘向前移，不要向两边张开，以免碰到邻座。不要在吃饭喝饮料、喝汤时发出大的声音。用餐时，如要用放置在同桌其他客人面前的调味品，应该先向别人打个招呼再拿；如果距离太远，要客气地请人代劳。如在用餐时牙被塞住了非得需要剔牙，这时要用左手或手帕遮掩，右手用牙签轻轻剔牙。

在喝酒的时候注意别一味地给别人劝酒、灌酒，吆五喝六，特别是给酒力较差的人劝酒、灌酒，这些都是失礼的表现。如果宴会没有结束，但你已经吃饱了，此时不要随意离席，要等主人和主宾先起身离席，其他客人才能依次离席。

家宴、便餐、自助餐各有什么礼仪要求？

家宴也就是在家里举行的宴会。与正式宴会相比而言，家宴最重要的是要制造亲切、友好、自然的环境，使赴宴的宾主双方高兴、自然、随意，彼此增进交流，加深了解，促进信任。通常，家宴在礼仪上往往不作特别要求。为了使来宾感受到主人的热情和友好，基本上要由女主人亲自下厨操刀烹饪，男主人充当服务员；或男主人下厨操刀，女主人充当服务员，来共同招待客人，使来客有一种宾至如归的感觉。

所谓便餐，也就是家常便饭。用便餐的地点很随意，礼仪讲究也最少。只要用餐者讲究公德，注意卫生、周围环境和秩序，在其他方面就不用在意过多。

自助餐是近年来学习借鉴西方的一种现代用餐方式。它不安排席位，也不安排统一的菜单，是把能提供的所有主食、菜肴、酒水摆放在一起，根据用餐者的个人爱好，自己选择、烹饪、享用。采取这种方式，有很多好处。它不但节省费用，礼仪讲究不多，宾主双方都很自由；而且用餐的时候每个人都可以悉听尊便。在举行大型活动，招待人数众多的来宾时，这样安排用餐，也是最明智的选择。

工作餐中有何礼仪要求？

工作餐，是在商务交往中具有业务关系的合作伙伴，为进行交流、保持联系、交换信息或洽谈生意而采用用餐的形式进行的商务聚会。它与正式的工作餐、正式宴会和亲友们的会餐有一定的区别。它强调的是一种氛围，以餐会友为目的，创造出有利于进一步进行交流的轻松、愉快、和睦、融洽的气氛。

工作餐是以用餐的形式继续进行的商务活动，往往把餐桌充当会议桌或谈判桌。工作餐一般规模不大，通常在中午举行，主人不用发正式的邀请，客人不用提前向主人正式进行回复，时间、地点可以随时选择。出于卫生方面的考虑，最好采取分餐制或公筷制的形式。在用工作餐的时候，还会继续业务上的交谈。但是这时候需要明白的是，这种情形下不要像在会议室开会一样，进行录音、录像，或是安排专人进行记录。如果有必要进行记录的时候，应先获得对方同意。千万不要随意自作主张，好像对对方不信任似的。如果发现对方对此表示反对的时候，更不可以坚持这么做。既然工作餐是主客双方的"商务洽谈餐"，所以不适合有相关业务之外的人加

入。如果恰好碰到熟人，可以打个招呼，或是将其与同桌的人互作一下简单的介绍。但不要自作主张，将朋友留下。万一有不识相的人迟迟不走，可以委婉地下逐客令"您很忙，我就不再浪费您宝贵的时间了"或是"我们明天再联系"，"我会主动打电话给您"等。

在餐厅如何入座？

我们在餐厅就餐时最得体的入座方式是从座位的左侧入座。当起立椅子被拉开后，身体在几乎挨着桌子的距离站直，服务人员会把椅子推进来，当腿挨着后面的椅子时，就可以入座了。就座后，坐姿应端正，上身可以轻靠椅背。不要托着双腮或将双臂肘放在桌上。不要频频离席，或来回挪动座椅。用餐时，手臂放在桌子上，背部要靠到椅背，上体和桌子保持约一个拳头的距离。两脚交叉的坐姿是不礼貌的，最好避免。

中餐的礼仪中餐具的使用需要注意哪些问题？

和西餐相对照，中餐的一大特色就是就餐餐具有所不同。我们简单介绍一下平时经常出现差错的餐具的使用。

（1）筷子

筷子是中餐最常用的餐具。使用筷子，通常必须成双使用。用筷子夹菜、吃饭的时候，要注意下面几个容易忽视的问题：

一是不论筷子上是否残留着食物，都不要去舔。你可以试想一下用舔过的筷子去夹菜，别人看见是不是有点不舒服？

二是和人说话时，要暂时放下筷子，不能一边说话，一边把筷子比画来比画去像做指挥一样。

三是不要把筷子垂直插放在食物上面。因为这种插法，好像在祭奠死者的时候才用。

四是明确筷子的功能。筷子只是用来夹取食物的。用来剔牙、挠头或是用来夹取食物之外的东西都是失礼的。

（2）勺子

它的主要作用是舀取汤、食物。有时，用筷子夹取食物时，也可以用勺子来辅助。最好不要只用勺子去取菜。用勺子取食物时，最好不要太满，免得不小心溢出来弄脏餐桌或自己的衣服。在舀取食物后，不要太快，可以在原处"暂停"片刻，当汤汁不会再往下流时，再移回来享用。

每当不用勺子时，应把勺子放在自己的碟子上，不要把它直接放在餐桌上，或是把它随手插在食物中。用勺子取食物后，要立即放进嘴里或放在自己碟子里，不要再把它放回原处。而如果舀取的食物太烫，不可用自己勺子舀来舀去，更不要用嘴对着吹，可以先放到自己的碗里等凉了再吃。请勿把勺子放到嘴里，或者反复吮吸、舔食。

（3）盘子

盘子和碟子形状差不多。稍小点的盘子就是碟子，主要用来盛放食物，在使用方面和碗差不多。盘子在餐桌上一般要原地不动，而且不要堆放在一起。

这里需要重点说明的是一种用途比较特殊的被称为食碟的盘子。日常生活中食碟的主要作用是用来暂放从大家公用的大盘里取来享用的菜肴的。通常用食碟时，一次不要取放过多的菜肴，看起来既繁乱不堪，又像是没有吃过东西一样。不要把多种不同口味的菜肴

堆放在一起，弄不好它们会变味，不雅观，也不好吃。不吃的残渣、骨、刺不要直接吐在地上、桌上，而应轻轻取放在食碟的前部，放的时候注意不能直接从嘴里吐在上面，要用筷子夹放到碟子旁边。如果食碟前部放满了，可以让服务员换。

（4）水杯

水杯通常在用来盛放清水、茶水、果汁、可乐等软饮料时使用。不要用它来盛酒，也不要倒扣水杯。另外，喝进嘴里的东西应避免再吐回水杯。

（5）餐巾

在上餐前，如果比较讲究的话，会为每位用餐者准备一块湿毛巾。它只能用来擦手。擦手后，应该放回指定的盘子里，由服务员拿走。有时候，在正式宴会结束前，会再上一块湿毛巾。注意和前者不同，它是只能用来擦嘴的，却不能用来擦脸、抹汗。

（6）牙签

用餐结束后不要当众剔牙。非剔不行时，可用另一只手掩住口部，剔出来的东西，不要当众观赏或再次入口，更不要弹来弹去或随口乱吐。剔牙后，不要长时间把牙签放在嘴里，更不要用来扎取食物。

中餐礼仪中有哪些禁忌？

在参加中式宴会的时候，我们尤其要注意一些禁忌。

在吃饭的时候，不要吃得前后摇摆，宽衣解带，满脸油汗，汁汤横流，声响噪杂。通常可以劝别人多吃一些食物，或是建议品尝某个菜肴，但不要自作主张，主动为别人夹菜、添饭。这样

做不仅不干净，而且还会让对方勉为其难。夹菜的时候，应从盘子靠近或面对自己的一边夹起，不要从盘子中间或靠近别人的一边夹起，更不要左右观望，翻来覆去，在公用的菜盘内跳来跳去，夹起来又放回去，会显得极没素质。如果多人同在一桌用餐，取菜要注意相互谦让，依次而行，一次夹菜也不要过多，取用适量。不要好吃多吃大吃，争来抢去，而不考虑别人吃到没有。对于距离自己较远的菜，可以请人帮助移动一下，不要起身甚至离座去取。

与尊者一块用餐时要由尊者先动碗筷。在用餐过程中，要尽可能自己添加食物，如有长辈，要尽可能主动给长辈添饭夹菜。遇到长辈给自己添饭时要记得道谢。

吃饭要拿起碗吃，应该用大拇指扣住碗口，食指、中指、无名指托住碗底，手心空着。不端碗、趴在桌子上对着碗吃饭是非常不雅观的。

吃饭时要闭嘴咀嚼，细嚼慢咽，嘴里不要发出"叭叭"、"呱叽呱叽"的声音，口含食物时最好不要与别人说话。不能在夹起饭菜时，伸着脖子，张着大嘴，伸着舌头用嘴去接菜。不要一次放入太多的食物在嘴中，否则会给人留下一副馋相和贪婪的印象。

不能吃的骨头、鱼刺、菜渣，要用筷子或手取出来，放在特定的盘里。不能直接吐到桌面或地面上。如果要咳嗽、打喷嚏，要用手或手帕将嘴捂住，并把头转向后方。如果吃饭嚼到沙粒或嗓子里有痰时，要离开餐桌去吐掉，不要随地乱吐。

如果宴会没有结束，但自己已经吃饱了，不要随意离开，要等主人和主宾餐毕先起身离席后，其他客人才能依次离席。

中餐宴会的桌次是如何排列的？

在中餐宴请活动中，通常采用圆桌摆放菜肴、酒水。排列圆桌的尊卑次序，分为两种情况。

第一种情况，是由两桌构成的小型宴会。这种情况，又可以分为两桌横排和两桌竖排的形式。当两桌横排时，应左右有别，以右为尊，以左为卑。这里所说的右和左的划分标准，是由面对正门的位置来确定的。当两桌竖排时，应远近有别，以远为上，以近为下。这里所讲的远近，是以距离正门的远近来确定的。

第二种情况，是由三桌或三桌以上的桌数所构成的宴会。在排列多桌宴请的桌次时，除了要遵守"面门定位"、"以右为尊"、"以远为上"等原则外，还应兼顾其他各桌距离主桌的远近。一般上，距离主桌越近，桌次越高；距离主桌越远、桌次越低。

在排列桌次时，所用桌子的大小、形状要基本一致。除了主桌可以大一些外，其他餐桌都不要过大或过小。

通常为了保证在宴请时赴宴者及时、准确地找到自己所在的位置，可以在请柬上注明对方所在的桌次、在宴会厅门口悬挂宴会桌次排列示意图、安排服务员引导来宾按桌就坐，或者在每张桌子上摆放桌次号（用阿拉伯数字书写）。

中餐宴会中的位次是如何排列的？

宴请时，每张餐桌上的具体位置也有主次尊卑的区别。排列位次的主要方法有四条，它们往往会同时发挥作用。

（1）主人通常应面对正门而坐，并在主桌就坐。

（2）在举行多桌宴会时，每桌都要有一位主桌主人的代表在座。座位一般和主桌主人同向，有时也可以面向主桌主人。

（3）尊卑有别，各桌位次的尊卑，应根据距离该桌主人的远近而定，以近为尊，以远为卑。

（4）各桌距离该桌主人相同的远近，讲究以右为尊，即以该桌主人面向为准，右为尊，左为卑。

另外，每张桌子上所安排的用餐人数应控制在十人以内，最好是双数。比如，六人、八人、十人。人数如果太多，不仅不容易照顾周全，而且也可能坐不下。

西餐位次的排列有何讲究？

通常西餐的位次比较讲究礼仪，非正式宴会座位遵循女士优先的原则，即男士主动为女士移动椅子让女士先坐，并且让女士坐右座、靠墙靠里坐。无论是正式宴会还是非正式宴会，入座或离座均应从座椅的左侧离开为宜（当然左侧入座确实不方便也可以从右侧入座）。

正式宴会以国际惯例为依据，桌次的高低应距离主桌位置的远近而定，右边位次高左边位次低，桌次较多时往往摆放桌次牌。吃西餐均使用较长较大的桌子，同一桌上座位的高低应距离主人座位的远近而定。

西方的习俗是男女交叉排列，以女主人的位置为标准，主宾坐在女主人的右上方，主宾夫人坐在男主人的右上方，在我国则不同，依据传统主宾应该坐在男主人的右上方，主宾夫人应该坐在女主人的右上方。无论是参加中式的还是西式的正式宴会，都要找对自己

的位置，不要随随便便入座。

西餐餐具有哪些及其应该如何摆放？

通常广义的西餐餐具包括刀、叉、匙、盘、杯、餐巾等。其中盘又分为菜盘、布丁盘、奶盘、白脱盘等；酒杯更是品种繁多，正式宴会几乎每上一种酒都有其专用的玻璃酒杯。

狭义的餐具则专指刀、叉、匙三大类。刀分为食用刀、鱼刀、肉刀（刀口有锯齿，用以切牛排、猪排等）、黄油刀和水果刀。叉分为食用叉、鱼叉、肉叉和虾叉。匙则有汤匙、甜食匙、茶匙。公用刀、叉、匙的尺寸明显大于餐用刀叉。

西餐餐具的摆法：垫盘放在餐桌的正中心，盘上摆放折叠整齐的餐巾或餐纸（也有把餐巾或餐纸拆成花束状放在玻璃杯内的）。餐桌两侧的刀、叉、匙排成整齐的平行线，如有席位卡，则在垫盘的前方依次摆放。所有的餐刀摆放在垫盘的右边，刀刃朝向垫盘。各种匙类放在餐刀右边，匙心朝上。叉子则摆放在垫盘的左边，叉齿朝上。一个座位通常只摆放三副刀叉。面包碟放在客人的左手边，上面放置面包刀（即黄油刀，供抹奶油、果酱用，而不是用来切面包）一把，各类酒杯和水杯则放在客人的右前方。如有面食，吃面食的匙、叉则横放在客人前方。

西餐的餐具如何使用？

西餐的餐具用法也是有一定讲究的。下面我们来简单介绍一下西餐餐具的一些使用方法。

（1）刀叉的持法。用刀时，应将刀子的手柄握在手掌之中，以

拇指按住刀柄的一侧，食指按在刀柄上，但需注意食指决不能按在刀背上，其余三指则顺势弯曲，握紧刀柄。叉如果不是与刀并用，叉齿应该朝上。持叉时应尽可能握着叉柄的末端，叉柄靠在中指上，中间则以无名指和小指为支撑，叉的用处很多，它可以单独用于叉餐或取食，也可以用于取食那些头道菜和馅饼，还可以用取食那种无需分割的主菜。

（2）刀叉的用法。右手持刀，左手持叉，用餐时先用叉子把食物按住，然后用刀慢慢把食物切成小块，再用叉送入嘴内。欧洲人使用叉子时不换手，即从切割食物到送食物入口均以左手持叉。美国人则用刀子切割食物后，将刀放下换右手持叉送食入口。刀叉一块用时，持叉姿势与持刀一样，但叉齿应该朝下。通常刀叉并用是在取食主菜的时候，但如果不需要用刀切割时，则可用叉切割，这两种方法都是正确的。

（3）匙的用法。持匙用右手，持法同持叉一样，但手指必须持在匙柄的末端，除喝汤外，不用匙取食其他食物。

（4）餐巾的用法。通常进餐时，大餐巾可折叠起来（一般对折）折口向外平铺在大腿上，小餐巾可展开直接铺在腿上。注意不可将餐巾挂在前面（但在空间不大的地方，如火车上可以如此）。擦嘴时需用餐巾的上端，并用其内侧来擦嘴。餐巾绝不可用来擦脸部或擦刀叉、碗碟等。

西餐的用餐方法有哪些？

在用西餐时，通常吃肉类有两种吃法：一种是边割边吃；一种是先把肉块（如牛排）用刀切好，切完后把刀子放在食盘的右边，

单用叉子叉取食物。前者是欧洲的习惯吃法，后者则是美式的习惯吃法，一般以前都比较正式。

吃鱼时，应当先把鱼用刀从中间切开，再把肉拨到两边取掉鱼刺鱼骨后，慢慢食用。肉饼、煎蛋、馅饼，都不用刀只用叉。肉盘内剩余的肉汁，可用面包蘸着吃。面包应用手指掰成小块食之。炸薯片、炸肉片、汉堡等食物，跟面包一样，用手取食。取食时，只可以用拇指和食指拈取，食后用摆在面前的小手巾擦一擦手。吃甜点可用叉或匙。

喝汤时，应该用匙进食。握匙的正确姿式为：用大拇指按住匙柄的上边，其他手指轻轻托住另一边。舀汤时，应慢慢从盘子里面向外舀，盘中汤不多时，千万不可端起汤盘往嘴里倒，而应用左手将汤盘微微倾斜，用匙舀尽。

吃梨、苹果不要整只用嘴去咬，而应用水果刀将水果切成四至六块，挖去果核，用手拿着一块一块吃。吃香蕉则用手剥皮后将香蕉整只放在盘子里，用刀、叉切开，一块一块吃。吃桔子的时候用手把皮剥掉，一片一片地掰开吃。吃水果时，有时会送上一小盆水，这是供洗手用的，切勿将此当做开水饮用。用餐过程中如果需要自己够不着的调味品等物，可以请别人帮忙递过来，我们也应该帮别人把他们所需的东西传递给他们，传递要用右手。进食时，骨头、肉屑、鱼刺等，可放在食盘的右角。果核则吐在餐巾纸里，不可随便扔在桌上或地上。

如果有事需要暂时离开，请将餐巾放在椅子上，把刀叉摆成八字，居中放在前面的盘子上。用餐完毕，将刀叉并列，靠右边放在前面的盘上。

一般在鸡、龙虾或西式全部菜点上完后，便该喝咖啡和茶了。喝咖啡和茶的方法是用小勺子搅拌放糖，搅匀后仍将勺子放回原处再喝（茶匙不能放在茶杯里），喝时，右手握住杯把，左手端杯托碟。要注意喝咖啡、茶或汤时一定要端起杯子找嘴，不要俯身去用嘴找杯子。喝完咖啡和茶，宴会就该结束了，客人可以开始离开了。

吃西餐还应注意哪些其他礼仪？

如果参加正式西式宴会，着装、仪容、仪表一定要符合礼仪规定，用餐姿势自然大方，坐姿端庄稳重，上身挺直，不要跷二郎腿，双手轻放在膝盖上，不要把胳膊支在餐桌上。不要随便把上衣脱掉、领带卸掉或把袖子挽起。

通常吃西餐时，不能回绝对方的敬酒，即使自己不能喝酒，也要端起酒杯回敬对方，否则是一种不礼貌的行为。吃西餐饮酒不要举杯一口干，文雅的饮酒是懂得欣赏酒的色、香、味，慢慢品尝。在西餐宴席上一般是敬酒不劝酒，即使是劝酒也只是说道为止。

吃西餐还应该特别注意水盂的使用，弄不好会让别人取笑。每当上一道用手取的食品，如鸡、龙虾、水果等，往往会同时送上一个水盂（铜盆、水晶玻璃缸、瓷碗），水上飘有玫瑰花瓣或柠檬片，但它不是用来喝的，而是西餐讲究的洗手盆，将其放于左上方，把手放入水中，轻轻洗一下，然后用餐巾擦干净。

圆桌宴会如何排列座次？

通常圆桌位次的排列可以分为两种具体情况。它们都是和主位有关。

第一种情况：一桌一个主位的排列方法。特点是每桌只有一名主人，主宾在右首就坐，每桌一般只有一个谈话中心。

第二种情况：一桌两个主位的排列方法。特点是主人夫妇在同一桌就坐，通常以男主人为第一主人，女主人为第二主人，主宾和主宾夫人分别在男女主人的右边入座。每桌从而客观上往往形成两个谈话中心。

如果主宾身份比较高贵，为表示尊重，也可以将其安排在主人位子上坐，而请主人坐在主宾的位子上。

一般为了方便来宾准确无误地在自己位次上入座，除招待人员和主人要及时加以引导指示外，还应在每位来宾所属座位的正前方的桌面上，事先放置显眼的个人姓名座位卡。举行涉外宴请时，座位卡应以中、英文两种文字标示。我国的习惯是，中文在上，英文在下。必要时，座位卡的前后两面都书写用餐者的姓名。

如何排列便餐的席位？

通常排列便餐的席位时，如果需要进行桌次的排列，可以按照宴请时桌次的排列进行。便餐位次的排列，可以遵循四个原则。

（1）右尊左卑原则

当两人一同并排就坐的时候，通常以右为上座，以左为下座。这是因为习惯上中餐上菜时多以顺时针方向为上菜方向，所以坐右边的人要比居左坐的优先受到照顾。

（2）中座为尊原则

如果三人一同就坐用餐，坐在中间的人在位次上高于旁边的人。

（3）面门为上原则

多人用餐的时候，依照礼仪惯例，面对正门者是上座，背对正门者是下座。

（4）特殊情况特殊对待原则

在一些高档餐厅里，室内外往往有美丽的景色或高雅的演出，供用餐者欣赏。这时候，比较适宜观赏美景的座位是上座。在某些中低档餐馆用餐时，往往以靠墙的座位为上座，靠过道的座位为下座。

喝酒时应注意哪些礼仪？

亲朋好友聚会，尤其是男士之间，都会喝酒，酒桌之上其实也是有许多礼仪要讲究的。

（1）酒桌上虽然讲究"感情深，一口闷；感情浅，舔一舔"，但是喝酒的时候不可以把这句话挂在嘴上。

（2）说话谦虚，切不可一上酒桌就充大。

（3）要等到领导相互喝完才轮到自己敬。

（4）一般可以多人向一人敬酒，但不可以一人敬多人，除非你是领导。

（5）自己向别人敬酒，如果不碰杯，自己喝多少可根据对方情况而定。比如对方酒量，对方喝酒态度，但不能比对方喝得少，要知道是自己敬人。

（6）自己向别人敬酒，如果碰杯，说一句"我喝完，你随意"，显得比较大度。

（7）自己职位较低，记得多给领导添酒，不要瞎给领导代酒，

就是要代，也要在领导确实有这方面的想法，还要装作自己是因为想喝酒而不是为了给领导代酒而喝酒。比如领导甲酒量有限，可以使用旁敲侧击的手法把准备敬领导甲的人拦下。

（8）举起酒杯（啤酒杯），右手拿着杯子，左手托着杯底，记着自己的杯子永远低于别人。自己如果是领导，把握一下，不要放太低，不然怎么叫下面的做人？

（9）如果没有特殊人物在场，碰酒最好按时针顺序依次进行，要照顾周全，不要厚此薄彼。

（10）碰杯、敬酒，要有祝酒词，不然，我干吗要喝你的酒？

（11）酒桌上不谈生意，喝好了，生意也就差不多了，大家心里面都有数，不然人家也不会放开了跟你喝酒。

（12）不要装傻，说错话，办错事，不要辩解，自觉罚酒才是硬道理。

（13）万一遇到酒不够的情况，酒瓶放在桌子中间，让别人自己添，不要傻傻的去一个一个倒酒，否则后面的人没酒怎么办？

（14）喝酒到最后，一定还有一个闷杯酒，所以，最好不要让自己的酒杯空着，跑不了的。

（15）注意酒后不要乱说话，不要说大话，不要失态，不要吐沫横飞，筷子乱舞，不要手舞足蹈，喝汤噗噗响，不要大声放屁打嗝，憋一下上厕所去解决，没人拦你。

（16）不要总是把"我不会喝酒"放在嘴边（如果你喝的话），免得别人骂你虚伪，不管你信不信，人能不能喝酒别人还真能看出来。

（17）如果领导跟你喝酒，是给你面子，不管领导要你喝多少，

自己都要先干为敬，记着啊，双手举杯，杯子要低。

（18）花生米对喝酒人来说，是个好东西。

（19）保持清醒的头脑，酒后嘘寒问暖是必不可少的，一杯酸奶，一杯热水，一条热毛巾都显得你关怀备至。

酒桌上如果你酒量不行该怎么办？

酒桌之上，如果你酒量不怎么样，可以掌握一些小窍门。

（1）不要主动给人敬酒，实行以守为攻的战略。

（2）桌前放两个杯子，一杯放白酒，一杯放白开水，拿小酒盅干杯，勤喝水，到酒桌上主客基本都喝得差不多时，可以以水代酒，糊弄一下（这条不建议用）。

（3）干杯后，不要即刻咽下去，找机会用毛巾抹一下嘴，把酒吐餐巾里（适用女性）。

（4）上座后先吃一些肥肉类、淀粉类食品垫一下肚子，这样喝酒不容易醉。

（5）控制节奏，不要一下子喝得过多。

（6）不要白酒啤酒混着喝，那样特别容易醉。

（7）领导夹菜时，切忌不要转桌子中间的圆盘，领导夹菜你转盘是酒桌上的大忌。

（8）当你快喝醉的时候，把你面前的醋碟中的醋喝下，再让服务员添上。

（9）每次干杯时，要倒满，然后在喝前假装没有站稳晃一晃，尽量洒出去一些酒，这样每次可以少喝进去一些。

喝红酒的正确姿势与方法是什么？

在重大酒会上，通常是由服务员负责将少量酒水倒入酒杯中，让客人鉴别一下品质是否纯正，这时，只须把它当成一种形式，喝一小口并回答"不错"就行。接着，服务员会来倒酒，这时，不要动手去拿酒杯，而应把酒杯放在桌上由服务员去倒。

用手指握杯座才是正确的握杯姿势。为了避免手的温度使酒温升高，应用大拇指、中指和食指握住杯座，小指放在杯子的底部固定。喝酒时绝对不能吸着喝而是倾斜酒杯往嘴里倒，像是将酒放在舌头上喝似的。轻轻摇动酒杯让酒与空气接触以散发出酒味的香味，但不要猛烈摇晃杯子。

此外，一口饮尽、边喝边透过酒杯打量人、拿着酒杯边说话边喝酒、吃东西时喝酒、口红印在酒杯沿上等，都是失礼的行为。如果不小心把口红印在杯沿上，不要用手指擦杯沿上的口红印，用面巾纸擦较好。

日常交往的用酒礼仪有哪些？

在酒桌上有一些用酒礼仪，比如当主人在为客人倒酒时，常说"满上满上"，但是这个"满"不是指满到杯口几乎溢出来，而是指倒满八成就行了。当主人倒酒时，客人可行"叩指礼"，以表示对主人的感谢。行"叩指礼"时，客人把拇指、中指捏在一起，轻轻在桌上叩几下。

另外就是敬酒。饮酒的乐趣除了酒质优良带来的享受之外，饮酒的气氛和场面也是一种享受，因此，文明饮酒便显得很重要了。

文明饮酒少不了向人敬酒，敬酒表示祝愿、祝福等意思。

通常席上喝酒讲究碰杯，要碰杯就必须把杯中的酒饮干净，一口气喝下去，还要把杯子倒过来让别人看看杯子是空的。

在酒席上通常还有"无三不成礼"的说法，意思是当喝酒到达高潮的时候必须连饮三杯以上，所谓"酒过三巡"也是这个意思。

喝茶有哪些正确姿势？

茶的口味是恬淡平和的，因此，喝茶礼仪要求着装整洁大方，女性不要浓妆艳抹，大胆裸露；男性也应避免穿着奇装异服，如留长发、穿乞丐装等。除了仪表整洁外，还要求举止庄重文雅，落落大方。

（1）站姿：双脚并齐身体挺直，头略微上抬，下颌微收，双眼平视，双肩放松。女性右手在上，双手虎口交握，放于胸前；男性双脚脚尖呈八字分开，左手在上，两手虎口交握放在小腹部。

（2）走姿：以站姿为基础，上身不可扭动摇摆，行走应该保持一条直线，如果到达来宾面前若为侧身状态，需转身正向面对客人；离开客人时应先退后两步再侧身离开，切忌当着对方掉头就走，这样显得非常不友好。女性可以两手同"站姿"一样交握胸前，男性双臂自然下垂于身体两侧，随走动步伐自然摆动。

（3）坐姿：身体端坐椅子中央，双腿合并，上身挺直，双肩放松，头正，下颌略收，舌头抵上颚，两眼平视或略垂视，面部表情自然微笑。女性右手在上，双手虎口交握，置放胸前或面前桌沿；男性双手分开与肩同宽，半握拳轻放于前方桌沿。全身放松，呼吸均匀、集中思想。如果作为客人被让于沙发就座，则女士可以正坐，

或双腿并拢偏向一侧斜坐，双脚可以交叉，双手虎口交握轻搭腿根；男士可将两手放在扶手上，两腿可架成二郎腿，但双脚必须下垂且不可来回晃动。

（4）跪姿：日本、韩国的茶人喜欢坐着喝茶，所以国际间茶文化交流或席地而坐举行的茶会多使用这一姿势。跪姿大概分为跪坐、盘腿坐、单腿跪蹲。跪坐就是日本的"正坐"，两腿并拢双膝跪在坐垫上，双足足背挨着地板，臀部坐在双足上，腰部挺直双肩放松，头正下颌略敛，舌尖抵上颚，双手交叉轻放于大腿上（女性右手在上，男性左手在上）。盘腿坐仅适用于男性，双腿向内弯曲盘在一起，双手分别放在两膝上，其他姿势同跪坐一样。单腿跪蹲通常用于奉茶，左膝与着地的左脚呈直角弯曲，右膝与右足尖同时着地；也可左脚前跨左膝稍微弯曲，右膝顶在左腿小腿肚处。其他姿势同跪坐一样。

喝茶当中有哪些礼仪？

喝茶中，通常的礼仪有：鞠躬礼、伸掌礼、叩指礼和寓意礼等。

鞠躬礼通常分为站式、坐式和跪式三种方式。根据行礼的对象不同分为"真礼"（用于主客之间）、"行礼"（用于客人之间）与"草礼"（用于说话前后）。生活中站立式鞠躬与坐式鞠躬比较常用，其动作要求是：两手平贴大腿慢慢下滑，上半身平直弯腰，弯腰时吐气，直身时吸气。弯腰到位后停顿一下，再慢慢直起上身。行礼的速度应该与他人保持同步，以免出现不谐调感。"真礼"要求上身下弯成九十度，"行礼"与"草礼"弯腰程度较低。

我们在参加茶会时通常会用到跪式鞠躬礼。"真礼"以跪坐姿势

为起点，背颈部保持平直，上半身向前倾斜，同时双手从膝上慢慢下滑，全手掌着地，两手指尖斜对，身体下倾至胸部与膝盖间只留一拳的距离（切忌低头不弯腰或弯腰不低头）。稍作停顿然后慢慢直起上身，弯腰时吐气，直身时吸气。"行礼"要求两手仅前半掌着地，"草礼"要求仅手指第二指节以上着地即可。

伸掌礼是喝茶过程中使用次数最多的礼节，表示"请"与"谢谢"，主客双方都可采用。两人见面时，均伸出右手行礼对答。两人并坐时，右侧一方伸右掌行礼，左侧一方则伸左掌行礼。通常伸掌姿势为：将手斜伸在客人前方，四指自然并拢，虎口略微分开，手掌略向内凹，手心中好像含着一个小气团一样，手腕要含蓄用力，但不可显得轻浮。行伸掌礼同时应欠身点头微笑一下，讲究一气呵成。

叩指礼是从古代中国的叩头礼演化而来的，叩指即表示叩头。早先的叩指礼是比较讲究的，必须腕部弯曲手握空拳，叩指关节。随着时间的后移，逐渐演化为将手弯曲，用几个指头轻叩桌面，以示谢意。

寓意礼是寓意美好祝福的礼仪动作，生活中最常见的寓意礼有：

凤凰三点头。用手提茶壶，高冲低斟反复三次，表示向来宾鞠躬三次，以示欢迎。高冲低斟是指右手提壶靠近茶杯口倒水，再提腕使开水壶上升，此时水流如"小泉泄出于两峰之间"，接着再压腕将开水壶靠近茶杯口继续注水。如此反复三次，恰好倒入所需水量，然后提腕断流收水。

双手回旋。通常在进行回转注水、斟茶、温杯、烫壶等动作时用双手回旋。若用右手则必须按逆时针方向转动，若用左手则必须

按顺时针方向转动，类似于打招呼手势，寓意"来、来、来"表示欢迎。反之则变成暗示送客"去，去、去"了。

喝茶时有哪些注意事项？

在茶馆喝茶时，首先冲泡者应自然大方又不失礼貌地自报家门，最常用的开场白是"大家好！我叫某某，很荣幸能为大家泡茶。有什么需要我帮忙的，请随时吩咐"。冲泡开始前，应简单地介绍一下所冲泡的茶叶名称，以及这种茶的文化背景、产地、口感特色、冲泡要点等。但介绍内容不宜过多，要语言精练，表达正确，语调亲切，使饮者感到品茶是一种高雅的享受。在冲泡过程中，对每一个环节，都要用一两句话加以说明，特别是对一些别有寓意的操作程序，更应及时说明，能起到画龙点睛的作用。当冲泡完毕，客人还在继续品茶，而冲泡者不得不离开时，应和客人说一声，如"请大家慢用，随时恭候您的吩咐，现在我可以离开吗？"这样显示出对客人的尊重。放置茶壶时壶嘴不能正对他人，否则表示请人赶快离开。斟茶时只斟七分即可，暗寓"七分茶三分情"之意。俗话说："茶满欺客"，茶满不便于握杯啜饮。

通常主人在泡茶待客前，先拿出一些名优茶放在茶盘中，供客人选择，以表达主人对客人的尊重，同时让客人仔细鉴别茶的外形、色泽和香味。

在将盒子中的茶叶放入壶或杯中时，应使用竹或木制的勺子摄取，不要用手抓。若没有勺子，可将茶筒倾斜对准杯子轻轻抖动，使适量的茶叶落入杯子中，这是讲卫生、讲文明的表现。

主人在将泡好的茶端给客人时，最好将茶放在托盘上，若不用

托盘，注意不要用手指接触杯沿。在将茶端至客人面前，应略微躬身，说"请用茶"，也可伸手示意，同时说"请"。

通常客人在主人请自己选茶、赏茶或主人敬茶时，应在座位上欠一下身体，并说"谢谢"。如人多、环境比较吵时，也可行叩指礼表示感谢。喝完茶后，应对主人的茶叶、泡茶技艺和精美的茶具表示赞赏。告别时要再一次对主人的盛情款待表示感谢。

上咖啡的方式有哪些？

通常晚宴咖啡应该用小咖啡杯装，杯子底下放一个咖啡碟，并附带一个小咖啡匙。主人应事先告知服务员在用餐处或另一个房间上咖啡。如果在用餐处喝咖啡，主人或服务员应该先把咖啡倒好再把咖啡杯连下面的碟子放在客人席位桌面的右侧，小匙摆放在碟子右端。倒咖啡或送咖啡应像倒酒和倒茶一样。站在客人的右侧进行，然后从客人的左侧端上装奶精和糖的托盘。

另一种上咖啡的方法是，服务员把放咖啡杯、咖啡碟、一组咖啡匙、咖啡壶、糖和奶精罐的托盘放于主人面前，由主人为客人服务。

若在另一房间喝咖啡，服务员通常先把咖啡倒好放在一个大托盘里，让客人自己加奶精或糖。还有一种做法是把装有咖啡壶、杯子、碟、咖啡匙、糖和奶精罐的托盘放在椅子前的咖啡桌上，主人坐在椅子上为客人服务。当客人来取咖啡时，主人应该问客人要加多少糖或奶精，然后用正确姿势把咖啡杯递给客人。

如何正确使用装咖啡的杯碟？

盛放咖啡的杯碟往往都是特制的，这种杯子的耳朵较小，手指

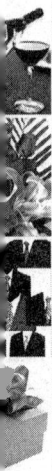

无法穿过去。但即使用杯耳较大的杯子，也不能将手指穿过杯耳端杯子。咖啡杯通常应该放在自己的正前面或右侧，杯耳指向右方。

注意咖啡杯的正确拿法，咖啡杯应由拇指和食指捏住杯耳然后将其端起。喝咖啡时，用右手握着咖啡杯耳，左手轻轻托着碟子，慢慢地移向嘴边轻啜，不可发出声音。不要满把握杯、大声吞咽，或低头去吸咖啡。如果遇到一些不方便的情况，例如，椅子离放置咖啡的桌子比较远，不便双手端着咖啡饮用，此时可用左手将咖啡碟端于齐胸的位置，用右手端着咖啡杯慢慢饮用。喝完，应立即将咖啡杯放回咖啡碟中，不可将二者分别放置。添加咖啡时，不可把咖啡杯从咖啡碟中拿起来。

如何使用咖啡匙？

通常咖啡匙是专门用来搅动咖啡的，搅过咖啡的匙，上面都会沾有咖啡，就应该慢慢顺着杯子的内壁将汁液擦掉，而绝不能拿起匙乱甩，或者用舌头舔咖啡匙。用过的匙应该放在托盘的内侧，以免端起咖啡杯时不小心碰落。不要用匙子舀着咖啡一匙一匙地喝，也不要用匙子来捣碎杯中的方糖。

正确的搅拌方法是将咖啡匙立于咖啡杯中间，先按照顺时针由内向外搅动，到杯壁再由外向内逆时针搅动至中间，然后重复同样的手法。这种方法可以使咖啡浓淡均匀。

如何给咖啡加糖？

加糖的时候手法要轻。给咖啡加糖时，一般有两种情况：一种是加砂糖，通常可用咖啡匙舀取，直接加入杯内，同时，为不让咖

一口气读懂礼仪常识

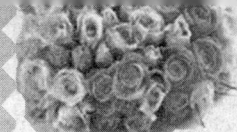

啡溅出杯子，放糖时位置应尽量低一些。另一种是加方糖，可先用糖夹子把方糖夹起放于咖啡碟的近身一端，再用咖啡匙把方糖加在杯子里。如果用糖夹子或手把方糖放入杯中，可能使得杯内咖啡溅出，把衣服或台布弄湿，这是极不文雅的行为。

饮用咖啡时有哪些注意事项？

通常来说，趁热品尝主人为你端上来的咖啡，是喝咖啡的重要礼节。但应注意，喝咖啡不能如同喝白开水一样，一下子把一杯都喝完，而且喝咖啡也不像喝茶或喝酒一样，可以连续喝数杯，那样，主人会笑话你没喝过咖啡或认为你失礼的。

当主人把咖啡端到面前时，先不要急于喝，而是应该和品茶或品酒一样，有个循序渐进的过程，以达到放松、提神和享受的作用。通常一个品尝咖啡的行家，总是会在咖啡端上来的那一刻，首先体会一下那扑鼻而来的香味，即对着咖啡杯深深地吸一口气，所有的美妙都在这里了。然后，吹开咖啡油再轻轻喝一小口，这是咖啡的原汁原味，之后再随个人喜好加入糖、奶。

饮用咖啡时，如果你坐在远离桌子的沙发中不方便使用双手端着咖啡饮用，此时可以作一些变化。可用左手将咖啡碟置于齐胸的位置，用右手拿着咖啡杯饮用。饮毕，应立即将咖啡杯置于咖啡碟中，要让二者保持一体。

添加咖啡时，最好不要把杯子从咖啡碟中拿起来。有时饮咖啡的同时可以吃一些点心，但不能一手端着咖啡杯，一手拿着点心，吃一口喝一口地轮流进行。饮咖啡的同时应当放下点心，吃点心时则应放下咖啡杯。

涉外礼仪中的礼宾次序指的是什么？

在社会交往中，特别是在重要的礼仪场合中，为体现参与者的身份、地位、年龄等的差别，而给予特别的尊重，或者为了体现所有参加者一律平等，而按照一定的惯例和规则对出席者进行排列的礼仪规范称为礼宾次序。礼宾次序体现了主人对宾客应予的礼遇及这种礼遇给予宾客以平等的地位。因此，涉及公众团体中有多边关系的公关活动，自然要求公关人员能够按照礼宾次序予以安排。很显然，这对公关组织和公众都是至关重要的，否则可能引起不必要的争执和误会，给组织形象和公众心理蒙上阴影。

在涉外交往中，礼宾次序是一个政治性较强而又较为敏感的问题，因为它体现了东道国对各国宾客所给予的待遇。如果安排不当或不符合国际惯例，则会引起不必要的争执和交涉，甚至还会影响到两国之间的关系。礼宾次序，看起来只是个先后排列的事，但只要出了问题，那就一定是大事。所谓"外事无大小"，就是这个意思。因此，在组织涉外活动时，对礼宾次序应给予高度重视。

礼宾次序的基本内容是什么？

礼宾次序的基本内容通常包含两个方面。

第一个方面是指位次的客体，即位次自身的大小、上下及前后。通常情况下，以右为大、为长、为尊，以左为小、为次、为偏。两人同行走在前面的为大，走在右边的为尊；三人并行走在中间的为尊，三人前、后行走，走在前面的为大；两人并坐，右边的为尊；三人并坐，中间的为大。乘坐小轿车时，位高者由右边上车，位低

者由左边上车；轿车内部二排座席，后排中部为尊位，右边次之，左边再次之，前排司机旁边的座位为最次。但当主人亲自驾车时，司机旁位为尊位。上楼时，在前面的为尊，下楼时，特别是楼梯陡时，尊者通常走在后面。当在室内就坐时，以对门的位置为尊。但是值得提醒注意的是我国有所不同，我们一般以左为大、为长、为尊，以右为小、为次、为卑。两人一块行走左者为尊，两人并坐左者为大。而在法国乘坐小轿车，则是后排右位为尊，左位为次，中位最卑。如此特殊情况，应予注意，灵活掌握运用。

第二个方面是指位次的主体，即位次对象的大小尊卑。位次本身是不变的，但位次的对象却是随着活动内容的不同而有所变化的。所以要为固定的位次找到适合这一位次的对象同样要依据客观的标准（当然仅仅是就每一次特定的公关活动而言的）。

在重要的礼仪场合位次对象的排定有哪些方法？

在一些重要的礼仪场合，位次对象的排定并不是随意的，而是有一定讲究的，大致的排定方法有三种。

（1）按身分和职位的高低排列。这是礼宾次序排列的重要依据，以一级组织为例，总经理自然列副总经理之前。但是在现实生活中情况往往要复杂得多，例如同一系统中上级组织的部门经理与下级组织总经理是一个级别的；不同系统的虽级别有所不同，但年龄、资历、知名度有较大差别；虽然同级或级别不同，但就一次具体的活动来说，各自的影响力有明显差别；虽然级别不同，但是与主人有明显亲疏倾向，等等。这个时候需要公关人员或参照其他礼宾顺序的排列方法，或者为了公关活动的最终成功做灵

活缜密细致的计划，绝不能教条化。另外参加者的真实身份和职务通常以得到核实的材料或对方提供的正式通知为依据，不能凭主观感觉或简单凭参加者自己的"申报"，否则可能出现差错以至造成不良后果。

（2）按字母或笔画顺序排列。外交活动的各方或参加者如果不方便按身份与职务的高低排列的话，可以采用按英文字母顺序或笔画顺序排列的方式，这是一种给予各方和个人最平等机会的方法，如今在公关活动的排次中也被大量使用。按字母顺序排列，就是将所有参与活动的团体或个人按其名称或姓名的第一个字母的顺序依次排列，如 Beijing 列 Tianjin 之前，Dow Chemical Ltd 列 Shell Chemical Company 之前。如果第一个字母一样，则依第二个字母，第二个字母一样，依第三个字母，以此类推。通常涉外公关活动按英语字母顺序排列居多，也可根据具体情况按法语、意大利语等其他语种的字母顺序排列。但不可一次按两种或两种以上语言的字母顺序排列。如果活动参加各方及成员均是华裔，通常应按汉字的笔画顺序排列，而不是按英文字母顺序排列。汉字笔画顺序的排列相对繁杂些。一般以单位名称或姓名的第一个字的笔画多少依次排列，如"丁"字二画，"李"字七画，则"丁"列"李"字前。假如笔画数一样，可按横、竖、撇、捺等笔画的先后排列，如"李"字与"肖"字均为七画，"李"字的第一笔是"横"，而"肖"字的第一笔是"竖"，所以"李"字列"肖"字前；如果第一笔笔顺相同，可依第二笔，以此类推。

（3）按通知和到达时间的先后排列。这种排列方法常见于对团体的排次。一般有按派遣方通知代表团组成的时间先后排列，按代

一口气读懂礼仪常识

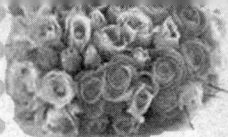

表团到达活动地点的时间先后排列，按派遣方决定应邀派遣代表团参加活动的回复时间的先后排列三种排法。

当然，前述三种排列方法在不互相抵触的大多数情况下，公关活动的位次排列正是这三种排列方法的交叉运用。身份级别不同的，应首先按身份和职务大小的排列，如果级别相同的，再按照通知和到达时间的先后排列（仅仅是就团体排位而言），同级又同时收到通知或同日期到达的，则按字母顺序和笔画顺序排列。但这仅仅是一部分，除此之外还要综合考虑诸如年龄大小、资历深浅、名气大小、亲密程度、语言异同、宗教信仰、风俗习惯以及专业性质等等因素。这就需要公关人员从有利于公关目的实现的原则出发，运用一定的手法，使礼宾次序的合理有序排列成为公关活动良好发展的重要前提。

在哪些涉外场合应悬挂国旗？

国旗是国家的一种标志，是一个国家的象征。我们往往通过悬挂国旗，表示对本国的热爱或对他国的尊敬。但是，在一个主权国家的领土上，通常不得随意悬挂他国国旗。许多国家对悬挂外国国旗都有特别的规定。在国际往来中，还形成了悬挂国旗的一些惯例，为各国所公认。

按照国际交往惯例，一国元首、政府首脑在他国领土上访问时，在其住所及交通工具上悬挂国旗（有的是元首旗）是一种外交特权。东道国迎接来访的外国元首、政府首脑时，在重大的场合，在元首下榻的宾馆、乘坐的汽车上悬挂对方（或双方）的国旗（或元首旗），这是一种礼仪。此外国际上公认，一个国家的外交代表在接受

国境内有权在其办公场所和住所，以及交通工具上悬挂本国国旗。

在国际会议上，除了会场悬挂参会国国旗外，各国政府代表团团长也可按会议组织者相关规定在一些场馆或车辆上悬挂本国国旗（也有不挂国旗的）。此外有些展览会、体育比赛等国际性活动，也往往悬挂有关国家的国旗。

国旗应如何悬挂？

如果在大楼上或在室外悬挂国旗，通常应日出升旗，日落降旗。如果需悬旗致哀，通常的做法是降半旗，即先将国旗升至杆顶，再下降至距离顶端相当于杆长 1/3 的地方。降旗时也要升至杆顶，然后再降旗。也有的国家不降半旗，而是在国旗上端挂黑纱表示致哀。升降国旗时，服装要整洁，要立正脱帽行注目礼，不能使用破皱和污损的国旗。国旗一定要升至杆顶。

按国际惯例，如果悬挂双方国旗，应以右为尊，左为卑。两国国旗并挂，以旗本身面向为准，右挂客方国旗，左挂本国国旗。如果在汽车上挂旗，则以汽车前进方向为准，驾驶员左边为主方，右边为客方。所谓主客，不以活动举办地所在国为依据，而以举办活动的主人为依据。比如，外国代表团来访，东道国举行的欢迎仪式上，东道国为主人；答谢宴会上，来访者是主人。也有个别国家，把本国国旗悬挂在上首。

通常国旗的挂法有以下几种：两面国旗并挂、三面以上国旗并挂（多面并列，主方在最后。如系国际会议，无主客之分，则按会议规定之来宾顺序排列）、并列悬挂、交叉悬挂、交叉挂、竖挂（双方均为正面）。

国旗不可倒挂，一些国家的国旗由于文字和图案的缘由，也不能竖挂或反挂。有的国家明确规定，如果竖挂需另外制作旗帜，将图案转正。例如朝鲜民主主义人民共和国国旗竖挂时，五角星的星尖依然向上。有的国家则没有清晰地规定。因此，正式场合悬挂国旗应该以正面（即旗套在旗的右方）面向人们，不能用反面。如果旗是挂在墙面上，不可使用交叉挂法和竖挂。如果悬空挂旗，则不成问题。

各国国旗图案、式样、色彩、大小、比例均由本国宪法规定。不同国家的国旗，如果比例不同，而用同样尺寸做成，两面旗帜悬挂在一起，就会显得大小不一。例如，同样六尺宽的旗，三比二的看起来就显得较二比一的大。因此，如果并排悬挂不同比例的国旗，应将其中一面略放大或缩小，以使旗的面积看起来大致相同。

会见、会谈的种类及其准备工作有哪些？

所谓会见，一般是指接见或拜会。如果身份较高的人士会见身份较低的，或是主人会见客人，称为接见或召见；如果身份低的人士会见身份高的，或是客人会见主人，称为拜会或拜见。在我们中国统称为会见。接见和拜会后的回访，叫做回拜。

会见通常可分为礼节性的、政治性的和事务性的，或兼而有之。在日常生活中礼节性拜会一般指身份低者拜见身份高者，来访者拜见东道主。拜会的时间不宜太长，半小时左右即可离开，除非主人坚持挽留。

会谈内容比较正式，政治性或专业性较强，不仅可以就某些在国际上有重大影响的政治、经济、文化、种族问题、军事问题以及

其他共同关心的问题交换意见，也可商谈公务或就具体业务进行谈判。

会见、会谈的准备工作主要包括：

（1）首先提出会见、会谈请求，并将要求会见、会谈人的姓名、职位、会见什么人、与什么人会谈，以及会见、会谈的目的内容告知对方。同时要弄清楚对方的具体安排（人员、时间、地点），并通知有关出席人员。

（2）作为安排会见、会谈的一方，应主动了解对方出席人员、会谈目的等内容，并告知己方有关出席人员。然后将会见、会谈时间、地点、主方出席人、具体安排、注意事项告知对方。

（3）准确把握会见、会谈的时间、地点和双方参加人员姓名。主人应提前到达。

（4）会见、会谈场所应摆放充足的座位。会谈如用长桌，应该事先排好座椅，现场放置中外文座位卡。

（5）根据情况可安排扩音器。

（6）如果要合影留念，须事先排好合影图。

（7）准备饮料（茶水、咖啡或冷饮）。

会见、会谈有哪些程序？

会见或者会谈时应当遵照一定的程序进行，主要有以下几点：

（1）通常主人要在大楼正门或会客厅门口迎接客人（如果主人在会客厅门口迎接，则应由相关工作人员在大楼门口迎接，引入会客厅）。

（2）见面的时候互相介绍一下，宾主握手。介绍时，首先将主

人向客人介绍，随后将客人向主人介绍。如果客人是贵宾（国家首领），或大家都熟悉的知名人物，就只将主人向客人介绍一下就可以了。介绍主人时要把姓名、职务说清楚简明一些。介绍到具体人时，应有礼貌地以手示意。

（3）合影留念。

（4）入座、会见、会谈。

（5）记者采访（在正式谈话开始前采访数分钟，然后离开）。

（6）会见、会谈结束，主人送客人至车前或门口握手告别，目送客人离去后再退回室内。

签字仪式中应注意哪些礼仪？

通常在涉外交往中，有关国家的政府、组织或企业单位之间经过谈判协商，就政治、经济、文化科技等领域内的某些重要问题达成协议时，往往需要举行签字仪式。不同的签字仪式各有特色，在我国国内举行签字仪式一般要考虑以下几个方面的礼仪问题。

首先，要将签字厅布置妥当，并作好有关签字仪式的准备事项。通常在我国国内举行的签字仪式，必须在事先布置好的签字厅里举行，千万不可轻率行事。

其次，要通知签字人和参加签字仪式的相关人员，签字人一般由签字双方各自确定，但是他的身份必须与待签文件的性质相关联，同时双方签字人的身份和职位应当大体相当。

最后，要排列好双方签字人的位次，并且议定签字仪式的相关程序。我国的习惯是：东道国签字人的座位在签字桌的左边，客方签字人的座位在签字桌的右边。双方的助理人员分别站立于各方签

字人员的外侧，其职责是翻揭待签文件，并向签字人指明签字处，双方其他参加签字仪式的人员则应分别按一定的次序排列于双方签字人员之后。

如果我方人员在他国参加签字仪式，应尊重该国举行签字仪式的传统习俗。有的国家可能会摆放两张签字桌，有的国家可能安排参加签字仪式的人员坐在签字人对面，对此不必在意。关键是要认真履行职责，对此我方人员不应忘记。

迎接客人时应注意哪些事项？

迎接与送别，是社会交往接待活动中最主要的形式和必要的环节，是表达主人情谊、体现礼貌素养的重要方面。通常迎接客人要有周密的安排，应注意以下事项：

（1）对到本地来访问、商谈业务、参加会议的外国、外地客人，应首先弄清楚对方到达的车次、航班，安排与客人身份、地位相当的人员前去迎接。若因某种缘由，相应身份的主人不能前往，前去迎接的其他人员应向客人作出合理的解释。

（2）相关人员到车站、机场去迎接客人，应提前到达，等待客人的到来，决不能迟到让客人一个人在那里久等。如果客人看到有人来迎接，内心必定非常高兴，若迎接来迟，必定会给客人心里留下不好的印象，事后无论怎样表达歉意，都无法消除这种失职和不守信誉的印象。

（3）接到客人后，应首先向客人问候一声"一路辛苦了"、"欢迎您来到我们这个美丽的城市"、"欢迎您来到我们单位"等等。然后向客人做一下自我介绍，如果有名片，可送予对方。送名片的时

候应注意：一是当你与长者、上级交换名片时，双手递上，身体可微微前倾，说一句"请多关照"。假如你想得到对方名片时，可以用请求的口吻说："如果您方便的话，能否留张名片给我？"二是作为接名片的人，千万不要看也不看就放入口袋，也不要顺手往桌上扔。双手接过名片后，应认真地看一遍，再放入口袋。

（4）迎接客人应在客人到达之前就为其准备好交通工具，不要等到客人到了才匆匆忙忙准备迎接车辆，那样会因让客人久等而误事。

（5）主人应提前为客人安排好住宿，帮客人办理好所有手续并将客人领进房间，同时向客人介绍住处的服务设施、注意事项，将活动的计划、日程安排交给客人阅读掌握，并把准备好的地图或旅游图、名胜古迹等相关材料送给客人。

（6）主人将客人送到住地后，不要立即离去，应在住地陪同客人一会，可以和客人交谈一下，谈话内容要让客人感到满足，例如客人参与活动的相关背景材料、当地风土人情、比较好的自然景观、土特产、物价等。考虑到客人一路旅途颠簸，主人不宜久留，让客人早些休息。分手时不要忘记将下次联系的时间、地点、方式等告诉客人。

接待客人时要注意哪些事项？

接待客人是留下良好第一印象的最重要工作。一旦给对方留下美好的第一印象，就会为下一步与客人深入交往打下良好的基础。在接待客人时，我们应该注意以下几点内容：

（1）如果客人要找的相关负责人不在时，要明确告诉对方负责

人到什么地方去了，以及什么时候能够回到单位。请客人留下联系电话、地址，明确是由客人再次来单位，还是我方负责人到对方单位去。

（2）如果客人到来时，我方负责人由于相关原因不能马上接见，要向客人说明等待理由与等待时间，请客人自便。如果客人愿意等待，应该向客人提供饮料、书刊，如果可能，应该及时为客人换饮料。

（3）来访者无论身份高低、目的如何，都是客人，都应该热情接待。这不仅涉及企业形象问题，同时对业务能否顺利开展也有很大影响。切不可让客人干坐着没人搭理，或以貌取人，言词冷漠。客人到来时，接待者要起立，主动握手，表示热烈欢迎。

（4）接待过程中，要认真倾听客人的谈话，在客人讲话过程中，看着对方，适时地以点头表示尊重，且每一个举动都要表示出是在认真听对方的陈述，不要让客人产生被冷落的感觉。

（5）在接待客人时，如果不停地接听电话或者打断对方讲话都是一种很不礼貌的行为，所以要尽量避免那样。如确实有重要电话，应先向客人说"对不起"，在得到客人谅解后再接听，且要长话短说。

（6）在交谈过程中，不要随意打断、反驳客人的讲话，也不要轻易许诺。如果不同意客人的观点，要克制情绪，婉转地表达自己的意见。如果意见一致时也不要喜形于色。同时能马上承诺或解决的事不要故意拖延时间，暂不能解决的，应和客人达成一个解决方案，约定一下时间再联系。

（7）如果在交谈中有些问题难以处理或者出现了某些使自己为

一口气读懂礼仪常识

难的情况，可以直截了当地拒绝某一要求，也可以委婉地表示自己无法做到，请求对方谅解。但要注意方式和态度，尽量不要让客人误认为是瞧不起他或有能力而不愿意帮忙，如果想结束会见而客人又未察觉，可以婉言告之"对不起，我还有个十分重要的约会"等，也可以用肢体语言提示对方，如经常性地抬腕看表等。

我国的待客之道是什么？

对于第一次来访的客人应先问好，将客人请至客厅上茶后，了解一下访客的来意。

添茶的时候要适量，只有尊重客人的意愿，接受人家的婉拒，才能宾主双方都比较快乐。

穿着整齐自然大方，语气温和、谈吐幽默、亲切微笑、举止安详。

主人的态度要亲切、随和、友爱，不让客人产生拘束不安的感觉。

主人应热情、主动、耐心地接待招呼客人。

要记住访客的姓名、特性、爱好，真心实意地为他服务。

对客人要经常赞美鼓励，让来访者宾至如归。

最好能与客人谈说佛法，使他们认识佛教，让他们感受到法喜，获得法益。

谈话内容应为访客所关心、所熟悉的事情。

交谈中，不可自夸自大，贬损他人，不可两舌，论人是非。

根据访客的需要提供协助，如食宿、旅游、交通、参观、访问等。

如有先后两批客人来访，应该同等对待，不可冷落一方；彼此若互不认识，应适时为他们互相介绍。如果要留客人一起吃饭，夹菜、添食要适量，尊重客人的意愿。

了解客人，与客人好好的交流一下。访客离去时，可以赠送佛书、念珠等法物与客人结缘。

待客之道又可分为三类。对于亲友的客人：要尊重他，好好招待他，要让他有宾至如归的感觉；对于有关系的客人：例如城管、工商、记者、警察等，要给予善意接待，尽快解决问题；对于临时的客人：偶然的访问，可因人、因时、因事而定，但总要给人以快乐，给人以满意。

总而言之，客人在相貌上虽然有差别，但是主人待客的诚心是不变的。

送别来宾要注意什么礼仪？

送客是接待工作的最后一个程序。如果处理不得当，就将对整个接待工作造成恶劣影响，使接待工作前功尽弃。送客时应注意以下几个方面：

（1）婉言挽留

无论接待什么样的客人，当客人准备离开时，都要婉言挽留一下，不要客人一说要走，主人就立即起身相送，或者起身相留，这都会让客人产生被驱逐的感觉。因为有些客人本来还想与客人聊会，因怕打扰主人或试试主人的态度，于是以"告辞"来观察主人有什么反应，因此主人一定要婉言留客，如果客人坚持要走，也要等客人起身后，主人再起身。送客时往往应主动与客人握手送别，并把

客人送出门外或送到楼下，不要在客人走时毫无表情，或点点头或摆摆手算是招呼一下，这都是不可取的。最后，还要用热情友善的语言欢迎客人下次再来。

（2）安排交通

通常送客时应比照接待时的标准对等送别，不能前重后轻，无论双方目的是否达到，都要按接待标准送客，而且要把交通方面的事情做好，如购买车票、船票、机票或者安排车辆等。如果客人告别时，主人不管不问，那就意味着交往关系断裂，或者表示对客人的不满。

（3）礼品

如果客人来访时带有礼品，那么在送别客人时也要回赠一些物美价廉且有象征意义的礼品。如果客人离开时带有较多或较重的物品，送客时应帮助客人拎着重物。与客人在门口、楼梯口、电梯口或汽车旁告别时，主人要与客人握手并且目送客人上车或离开，要以热情真诚的态度，笑容可掬地送客，不要急于回家，应鞠躬挥手致意，待客人离开视线后，才可结束告别仪式。

公共礼仪篇

尊师礼仪有哪些？

中国自古以来就是文明礼仪之邦，尊敬师长是每一个学生都应该具有的道德规范。尊敬师长的礼仪主要包括以下几个方面：

（1）遇到老师要主动问好

如果早上见到老师时应该主动问候："老师早！"在日常见面时应说："老师好！"离校时应和老师说："老师再见！"一般学生在和老师打招呼时要停步、站直，眼睛看着老师，待老师还礼后再离开。通常小学生在向老师问好时，可同时敬队礼；其他学生在向老师问好时，可同时鞠躬。同一天中再次与同一位老师见面时，可以不必讲话，只需注目微笑，点头示意。一群同学同时见到一个老师，最先看到老师的那个同学可先问候一声，其他同学随即齐声问候或同时向老师行注目礼；如果一个同学同时见到数名老师，可一并问候："老师们早（好）！"学生在校对自己的老师要打招呼，对其他的老师或学校工作人员也应打招呼。

（2）学生对老师的称呼要有礼貌

通常当面称老师，可称"老师"或在"老师"前加上姓，如"李老师"，使用代词要用"您"。如果和同学及其他人谈话谈到老师时，可称："某某老师"，若需要与其他同姓的老师相区别，可在"老师"前加上这位老师的姓名，如："李云老师"。直呼老师的姓名会被视为是不尊重老师的行为。学生给老师起绰号或其他带侮辱性的称号更是不礼貌的，在给老师的书信、贺卡、请柬等信函中，称呼也要正确、祈祝语更要诚恳。

（3）要尊重老师的劳动成果

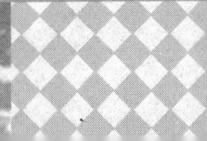

学生在课堂上要遵守课堂礼仪，认真学好每一堂课。作业要书写整齐，不应乱涂乱画。以免给老师的批改增加不必要的麻烦。老师批改后的作业或试卷，要认真学习，虚心接受老师的指导，不要私自涂改，更不能撕毁。

（4）遇见老师要礼让

同学在校内行走，特别是进出教室、上下楼梯或在其他人多场合遇到老师，应主动停下并侧转身体，给老师让道，千万不要和老师抢道，更不应碰撞老师。

（5）和老师交谈时要有礼貌

学生和老师谈话时，应主动请老师先坐，如果老师不坐，学生应和老师一起站着交谈；如果老师让学生也坐下，学生可在道谢后坐下，在和老师谈话时，不管是站着还是坐着，都应该姿势正确，不可抖腿跷脚；目光应凝视老师，不可东张西望。如果老师的话学生感到不明白或有不同的看法，学生不必隐瞒，应谦虚而诚恳地向老师请教，直至弄清楚。如果对老师的做法有什么意见或建议，也可以坦率地说出来，但一定要用协商的口气和谦和、诚恳的态度。同学和老师的谈话，应是推心置腹的交心谈心，因此声音不宜太响，语速不宜太快，音调不宜高。学生和老师谈话结束后，学生通常应向老师表示"明白了""清楚了"或"想通了"，然后问老师："我可以走了吗？"经老师许可了学生方可离去。如果是坐着交谈的，应先起立把椅子放回原处，然后再向老师说"再见"；若老师起立送别学生，学生应请老师坐下；如果老师欲举步送别学生，学生应请老师留步，切勿不顾礼仪径直离去。

如果谈话还没有结束，遇到打上课铃，或是学生、老师临时有

其他情况使谈话不能继续下去，学生应和老师约定下次谈话的时间。

（6）虚心接受老师的教诲

学生不论在生活上学习上遇到什么问题，都可以向老师请教。请求老师指导时态度要诚恳、谦虚，此外还应挑好时间，最好选择在老师方便的时候，如果需要的时间较长，可以和老师预约一下时间。对待老师的教导，要仔细聆听、认真思考，能接受的应立即回应，表示"明白了"；如果自己的意见和老师的意见有出入，可以以诚恳的态度提出来和老师讨论一下。在遭到老师批评时，如果老师说的与事实有出入，可以心平气和地作出解释，不要抢着辩解或顶撞；在表达自己意见时不要因激动而用不适当的手势；如果有些误会不便解释，可以向老师提出"请您再核实一下"的请求，并向老师提供可靠的调查线索。

（7）进入办公室要守规矩

通常学生进入老师办公室前要喊"报告"，得到许可后方可进入。不能旁若无人，径直闯入办公室。学生在办公室说话声音要小一些，尽量不要影响其他老师办公。如果要找的老师不在，应有礼貌地向其他老师打听一下。交作业本可放在老师桌上适当位置，老师桌上的文件不要乱动乱翻。学生在教师办公室不宜停留太长时间，当说的话、当做的事结束后即可离开。离开办公室时要礼貌地说："再见"。如果在办公室得到了老师的帮助和指导，离开时应说一声"谢谢"。

课堂礼仪有哪些？

课堂礼仪是学校礼仪中的一个重要内容。也许会有同学问：课

堂是学习的地方，为什么也需要讲文明礼仪呢？因为学校是文明的窗口，课堂则是学校生活最重要的地方；课堂还是个小社会，同学间的交往，师生间的沟通都离不开文明礼仪；此外还因为课堂活动是有秩序有组织的，它不仅关系到自己，还影响到他人，所以课堂需要一定的礼仪来规范它。关于课堂礼仪，我们要注意以下这些问题：

（1）学生应在课前做好充足的准备，端坐等待老师的到来，欢迎老师讲课。老师进教室后，班长或指定的同学喊"起立！"老师说："同学们好！"同学们答："老师好！"老师回礼后坐下。

（2）如果上课不小心迟到，要特别注意行为的文明和礼貌，首先应在教室门口停住脚步，然后喊："报告！"等到老师说"请进"后再进教室。在向座位走动时，速度要快，步伐要轻，尽快坐下集中精力听讲。

（3）如果老师提问，学生回答应先举手，老师允许后方可起立回答，表情要自然大方，声音要清晰。

（4）关手机是课堂上的基本要求，上课开机是很失礼的行为。如果你实在有特殊情况，也请你把手机调成震动，下课再回电话给对方。不论怎样也不要在课上接听电话。即使你的手机铃声再动听、再个性化、再值得炫耀，也一定不要让它突然在上课的时候响起。学习是一件神圣的事情，在学习的课堂上关机会使你显得更加有修养。

（5）大家应尽量提前几分钟进教室为上课作准备，如果因特殊原因迟到，教室有后门的话，请您从后门进入，免得影响别人听课。如果要去卫生间，最好在课下，课堂上确实憋不住了，也没有必要

让整个教室的人听你跟老师打"报告",你只要静静地走开就好了。

（6）认真听课但不要随便录音。如果你实在认为某位老师的课上得很好,想录音后回家后再学习一下,这时请一定要先取得老师的同意,否则与"盗"无异。

此外,如果你着实困得哈欠连天甚至打起了瞌睡,不如请假回家休息,不然是会影响到老师的讲课情绪的。还有的人喜欢在课上和别人讨论问题,那还不如多和老师沟通,这样比自己和别人讨论的收获一定更多一些。

（7）尽管通常课堂对仪容仪表没有太多的要求,但依然以着装自然、简洁、大方、得体为准则,过于裸露的衣服最好留在其他时间穿着,不然的话在公共场合走光可是让人难堪的事情。衣着的基本色调最好不要超过三种颜色,否则看起来很像商场里花里胡哨的卡通玩偶。化妆不要过于艳丽,试想一下,如果老师上课面对二三十张浓妆艳抹的脸,会以为进入了剧场后台,尤其是一些女孩还喜欢在课上照镜子、梳头、甚至化妆。

（8）废弃物品随身带离。某些社会上的课程不像中小学一样对课堂纪律要求得那么严格,但是有些不成名的规则却在考验你作为一个成人的礼仪修养。尽量不要把食物带进教室,很多人在下班后赶去上课,如果来不及吃晚饭的话,注意不要吃咀嚼起来声音过大或味道过于刺鼻的食物。上课的时候最好不要咀嚼口香糖,可能自己觉得挺洒脱,可是老师看起来会觉得不舒服。另外,下课离开后要把食品包装或者需要丢弃的东西随身带离。

（9）课间休息的时候,自觉为老师擦黑板,总能让人感觉到生活的温馨和情谊。但别忘了主动擦黑板前,还要先请求一下老师的

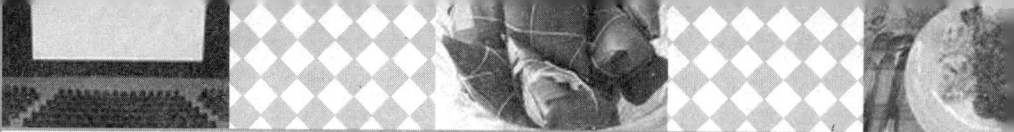

意见。有一个同志做了多年的学生和多年的老师，谈起擦黑板的事情来，他说："有的板书还想留着下节课再讲，结果被擦掉了，这也比较没辙。"由此可见是否擦黑板还真得听老师的，不然礼貌就变成失礼了。

（10）社会上的课堂，成年人比较多，一般没有人再像中学教师一样去禁止学生吸烟。但是教室也是一个公共场所，如果不能得到教室所有人的意见，就不要在教室吸烟。到吸烟区厕所或者楼道角落吸烟相对来说会比较合适，至少不会招人讨厌。

（11）在课堂上常常会接递试卷、学习资料、书本等，应尽量使用双手。但是在某些宗教国家，情况有所不同，这时需要根据具体情况改变方法，但有一点是共同的，那就是递物与接物用力要适中，不要让人觉得你是在用力塞或是使劲拽。

（12）教室不是菜市场。不要在教室大声吵闹，制造噪音。学员在教室应该低声交谈，音量以双方听清为止。此外，进入教室尽量轻拿轻放物品，如须挪动桌椅要将桌椅抬起，否则噪音会干扰到其他人的学习。

宿舍礼仪有哪些？

宿舍是同学共同的家，学生有将近2/3的休息时间会花在宿舍里。所以在这里生活得怎样，会直接影响到同学之间的人际交往状况以及学习状况。同时它也是反映学生精神面貌和礼仪修养的一个窗口，所以一定要格外重视。在宿舍要注意如下礼仪：

（1）宿舍内的卫生

保持宿舍里外整洁，经常打扫宿舍，包括地面、墙面、桌椅、

柜子和门窗等。

被褥要折叠得整齐方正，并统一放在固定的位置上，蚊帐钩挂好，床单不许超过床边，床上不许放置其他不相关的物品，床上用品要保持干净、整洁。

衣服、水杯、饭盒、书本、热水瓶等，要统一整齐地放在规定的地方。

换下的脏衣服、脏鞋袜等必须及时洗干净，以免严重影响宿舍里的空气质量。

自己喜欢的书、衣服、用品等，不要随手乱丢，要放在自己的橱柜内。

宿舍内外不可以乱写乱画，乱倒水，要保持干净卫生。

严禁私自安装、私自接电源和使用超功率灯泡、电饭锅、以及用电炉、电热水器。

任何时候都严禁在宿舍炒菜做饭。

严禁在宿舍里外随地大小便；如果是住楼上，严禁向楼下倒水倒垃圾。

（2）在宿舍里串门、接待亲友或外人来访

通常应在有同学邀请，或在得到该室其他同学同意时，才可以串门。进门后，应主动向其他同学打招呼，并且只能坐在邀请你的同学的床铺上，不能随处乱坐。不能未经准许乱用别人物品，不能乱翻别人的东西。讲话声尽量要轻，时间要短，不能待得时间太久，以免影响其他同学的正常作息。

到异性同学的宿舍去，除遵守上述要求外，还要注意，进门前要先通报一声，在得到该室其他同学允许后方可进去。还要选择好

时间，不要选择在大多数同学要处理生活问题的时候，更不要熄灯后过去，而且说话要文雅，停留时间要更短暂。

接待亲友或外人来访时，在进入宿舍前自己应先向在室内的其他同学说一声。进入后，自己应首先为同学作一下介绍，如果是异性亲友或外人来访，自己更要先通告一声，说明情况，要在同室人准备妥当之后再进。同室同学也要以礼待人，这样既尊重了来人，也尊重了同学。不要随便留人住宿，更不要留不明底细的人住宿，以免发生意外。

（3）室友之间既要相互关心又不要干预别人私事

关心也应注意把握分寸，如果过分热心于别人的私事，也可能会无意间侵犯了他人的个人隐私。如果有意或无意地干涉别人的私事，也可能会造成令人难堪的后果。正确的做法是：

不可以未经准许私自翻看别人的日记。有的学生没养成随时收拾东西的习惯，连日记本也随便丢在枕边或桌子上，甚至翻开放在那里。即使遇到这种情况，其他同学也不应以任何借口去私自翻阅。集体宿舍人多，信件有时候也比较多，不可以私拆、私藏别人的信。

不可以打听别人的隐私。有的学生对自己的某种情况，或家中的某件事，不愿让别人知道，也不愿细谈。这是属于个人隐私，他有保密的权利，应得到大家的尊重。在集体生活中，每位同学都应该尊重别人的隐私、人格，凡是别人不愿谈的事，不要去打听。如果同学有亲友来访，当谈论一些私事的时候，其他同学要适时回避。决不要在一旁暗听，更不要参与谈话，询问问题。如果某同学离校去处理个人私事，也没必要去打听、调查缘由，只需知道某同学向班主任或学校请了假就行了。

在宿舍里严禁吸烟、喝酒、赌博。这是作为学生这个身份必须严格遵守的。

学生的仪表礼仪有哪些?

从某种程度上说,一个人的仪表又是一种语言,它能够反映出一个人的社会地位、文化修养、审美情趣,也能够表现出一个人对自己、对他人、对生活的态度。作为学生,我们也需要注意一些仪表礼仪。

(1)要保持仪容的清洁

学生要注意保持仪容清洁,特别是面部、口腔、脖子、手和头发等部位。脸要洗干净,眼角和鼻不要留有脏东西,嘴边也不要粘有残留的食物,胡须较多的男同学要经常修剪,不能搞得满脸胡子;洗脸不能只洗脸部不洗脖子和耳后;应当保持口腔卫生,每天早晚都要刷牙,吃完饭后要漱口,有龋齿的应及时医治,不要让口腔发出异味;手背、手腕要洗干净,指甲要常修剪,不要留长指甲,指甲缝里不能有污垢;要经常洗澡、勤换衣服,特别是在夏季或运动后;不要留长发,头发要梳理整齐,保持干净,洗发要选用适合自己的洗发水,以保持头发的柔顺。平时不注意卫生、整天蓬头垢面、黑手黄牙、浑身发臭的人,是不能得到别人尊重的,因为他没有体现出自尊,也没有表现出对别人的尊重。

(2)要保持相貌的端庄

光滑、富有弹性的皮肤是相貌端庄的重要表现。要保持相貌的端庄,就一定要先注意皮肤,尤其是面部皮肤的健康。人的皮肤会不停地分泌皮脂和汗液,外露的皮肤还会沾染灰尘,所以人们要定

期洗澡，经常洗脸。洗脸用温水比较好，油性皮肤在洗脸时最好使用一点香皂或洗面奶，洗完脸后可用手指对面部做简单的按摩，以加快皮肤的血液循环。在秋季和冬季，特别是在气候较干燥的北方地区，洗完脸后可适当涂抹一点适合自己皮肤属性的护肤品。如果脸上长了"青春痘"，不能用力挤捏，应该到医院向皮肤科医生咨询治疗。胡须不要用手拔，可以等它长到一定长度剪去或剃去。养成合理的作息习惯、适当的体育锻炼和保证充足的营养，也会对保持皮肤的健康起到积极有效的作用。

正处于青春发育期的中学生，他们的皮肤是自然状态下最好的，所以应保持皮肤的自然美、健康美。因此，除舞台演出等特殊情况外，中学生最好不化妆。化妆，是指用粉脂等化妆品修饰面容。成年人是在达不到自然状态下的健美效果或者掩盖面部缺陷时才借助粉脂加以修饰。通常中学生化妆不仅会伤害自己的自然美，还会使自己的皮肤变得不健康。因为化妆品一般都含有铅和硅等多种化学成分，对青少年细嫩的皮肤有严重的刺激性，长期使用会加速皮肤老化而出现干裂、蜕皮等现象，严重的还会受到"化妆病"之危害。

（3）应选择适当的发型

发型也是仪容的一个重要组成部分。中学生的发型，没有必要强求一律，大家可以根据自己的脸型和头发的疏密粗细选择发型，或理寸头、或留分头、或剪短发、或梳长辫，但总的要求是整齐、简洁。整齐是中学生身份的要求，简洁是中学生生活节奏的需要。总之，中学生的发型要与中学生的身份相吻合，要能表现出青少年朝气蓬勃的精神面貌。男生不适宜留长发，更不要盲目追星，模仿某一明星梳理出不适合自己的发型。男同学的头发，两边和后部的

发长都不应超过发界。一头长发，不仅与中学生身份不符，也会失去青春美感，如果再没有良好的卫生习惯，不常梳理，就更不雅观了，所以还是表现出青春本色好。女生不要烫发，这主要是因为烫发与中学生的身份相矛盾。烫发是成年人的事情，中学生在发型上追求成人化，总是会让人感到很不协调，就更谈不上美观了。再说，使用宝贵的时间和精力去打理头发对中学生来说也实在不合算。

学生餐厅应注意哪些礼仪？

良好的餐厅礼仪，不仅可以制造一个良好的用餐环境，而且还能让用餐者有愉快的心情，不仅有助于消化吸收，而且还能让我们今后的生活和交往有意想不到的便利。学生正处于不断学习知识的阶段，恰当的餐厅礼仪可以使我们保持轻松、舒适的心情，提高学习效率，促进生长发育。养成良好的习惯，对我们每一个人都很重要。因此，在学生餐厅用餐要注意以下一些礼仪：

通常我们要有秩序地进入餐厅，不要冲、跑、挤。

要排队购买饭菜。夹塞队伍的行为不应该发生在学生的身上。

如果和师长在一起吃饭，要请师长先入座，切勿与师长抢座位。

最好不要当着食堂工作人员的面，抱怨饭菜做的不好。如果却有必要的话，可以以婉转的语气去建议，也可以和学校负责后勤的领导反应一下。

坐在座位上吃饭的时候，两脚自然并拢，双腿自然平放，坐姿端正，背直立。骨、刺以及无法吃的其他食物，不要随地乱吐，可以放到餐具里或吐到自己餐具旁边的桌子上。

吃东西或喝汤时要小口吞咽，闭嘴咀嚼，尽量不发出响声，最

好也别说笑，以防把饭菜喷到别人碗里。

应该爱惜每一粒粮食，吃多少打多少，不要随便剩饭、剩菜。如果确实有无法吃的饭、菜，要倒进指定的剩饭桶里，不要往洗碗池、洗手池里倒。

食堂里不可以大声喧哗吵闹，以免坏了别人吃饭的兴致。

和师长、同学以及熟悉的人在一起吃饭，先吃完的同学要说一声"大家慢慢吃"。

还有着装问题。着装应整齐，女生不穿过于暴露的衣服，男生最好不穿拖鞋，不光膀子。

音乐会应注意哪些礼仪？

合唱音乐会，作为一种来源于西方的高雅艺术，在音乐厅举行，是对社会文明程度和观众礼仪素质的一次大考验。为了充分展示观众的良好素质、维护观众的文明形象，大家应该注意出席音乐会需要了解的基本礼仪：

（1）进场礼仪：观众应该准时进场。如果迟到，不要在演唱进行中进场，应该静静地在场外等候，一个章节终了或中场休息时，观众才可以进场，否则就会大大影响其他观众的欣赏，影响音乐会的演出效果。

（2）服装礼仪：在欧洲等发达国家，通常要求穿着正装出席音乐会。在我国受传统习俗限制，一般没有规定要穿正装，当然穿正装更是一种尊重的表现，例如男士们穿西装、打领带，女士们穿典雅庄重的套装等等。对于一般观众，基本只要整洁合体就可以，但千万不要穿着短裤、短裙、拖鞋、广告衫、吊带入场。音乐会现场，

请不要随便脱鞋、随意翘腿。

（3）鼓掌礼仪：鼓掌是听音乐会当中一个很大的学问，适当适时的掌声是观众对演奏者表演的肯定。西方古典乐曲之中往往有许多章节，而乐章与乐章之间，有时拥有极微妙的承上启下、一气呵成的关系，因此在两个紧密相连的乐章之间没有鼓掌的必要，观众应该在整个曲目演奏完毕之后再鼓掌。如果献花要事先有所准备，通常在曲目开始前坐到靠过道的座位上，不要在曲目进行中挪位子，献花的合理时间是在整首曲目结束之后。

（4）倾听礼仪：静静倾听是音乐会最重要的礼仪，在音乐会中发出噪音是很不礼貌的，因此在欣赏音乐会的同时，必须将手机暂时关机，不要在音乐进行中窃窃私语的交谈与走动，不要让身边的小朋友来回跑动或是站在椅子上，甚至发出叫声等等。演出过程中不要使用闪光灯拍照，并且要关闭快门声音。摄像师不能在舞台上摄影，不能走动，摄影机的位置需固定。

（5）退场礼仪：演出结束，观众应等演员谢幕以后再陆续退场。在演员谢幕时观众应报以热烈的掌声，这是对他们辛勤劳动的肯定和称赞。退场时不要拥挤，应该按秩序慢慢出场。作为一名美女或绅士，如果能让身旁的老年观众先走，更会增添你的道德修养。

电影院有哪些礼仪？

随着人们生活水平的日渐提高，已有越来越多的人喜欢去电影院观看电影了，那么在电影院需要注意哪些礼仪呢？

（1）不要迟到。电影院通常在开映前15分钟开始检票，你最好能赶在这时间之前进入电影院寻找你的座位。如果在影院熄了灯后

你才摸黑到处找座位，这是非常影响其他观众的，同时也给你自己造成不必要的麻烦。如果万不得已迟到了，应该向周围的人低声询问，并表明歉意。

（2）不要吃有硬壳的食物或咀嚼起来声音过大的零食。电影院是公共场所，不是自家客厅，吃东西要想想别人的感受，并且要保持电影院的整洁，实在需要吐壳时应吐在垃圾袋中，咀嚼声音大的食物分成小块慢慢吃。

（3）不要不停地交头接耳，高声讨论，情侣间举止要文明，不要忽视别人的存在。有些人可能听说或看过正在播放的电影，但不要谈论过多，以免影响他人。情侣借看电影谈恋爱无可厚非，但不要有过分亲密的举止。

（4）打喷嚏、吐痰要尽量悄悄进行。如果要去洗手间应该先向两边的人致歉，带小孩子的观众不要让孩子在过道上乱跑、打闹。BP机和手机应调到振动档，尽量减少对别人造成的干扰。

（5）电影快要结束时不要"料事如神"地抢先站起离开，应该等到电影完全结束再起立，否则虎头蛇尾的观看是很招人讨厌的。

游览时应注意哪些礼仪？

近年来，我国的旅游业有了很大发展，也有更多的家庭和更多的人加入到游览观光的队伍中来了，而且游览观光的范围比起以前也扩大了许多。游览观光给人带来身心享受的同时，对个人的品行、素质的要求也高了，其中就包括礼仪方面的要求。

首先，作为一个文明的游览观光者，我们要自觉地爱护旅游资源，旅游资源不仅仅包括公共建筑、设备、名胜古迹，还有花草树

木等等。尤其是名胜古迹，它们是我们每一个中国公民都要爱护的"无价之宝"，因为那是我国五千年文明的象征，也是中华民族的骄傲。但在现实生活中，往往有一些没有素质的旅游者，每到一地就在古木名物上留下自己的"芳名"，密密麻麻，重重叠叠。有些刚刚修建好的建筑物也被那些粗俗的诗句、低劣的图画，弄得不堪入目。存活了1200年的闻名中外的黄山迎客松，有人尽然用刀子削去长14.5厘米、宽6.5厘米的一块树皮以刻字留念！这当然已不是所谓的礼仪问题，而是十足的犯罪行为了。

其次，作为一个文明有礼的游览观光者，我们还要注意保持旅游景区的环境卫生，不要乱抛果皮纸屑和其他废物，更不要把这些东西抛入池塘和河水中。另外还要注意，不要随意搬动游览景区布置得井然有序的物品，如果人人都可随意搬动，再美的环境也会变得不美的。同时，在旅游观光景区还要保持必要的安静，不要大声地喧哗，以免造成环境上的声音污染。

最后，作为一个文明的旅游者，在游览时，我们要学会关心他人，注意礼让。例如，在风景优美的地方照相，要互相谦让，不要与人争抢，最好依次排队进行。当轮到自己拍照的时候，不要长时间的占用一个好的场景，免得让别人在一旁久等。当你在拍照时，如果有人无意间走进镜头时，应有礼貌地等候别人离开镜头，不可大声呵斥，更不可辱骂或上去推搡。如果要麻烦别人让开，拍完后还应该上前向人表示歉意。在曲径小路、小桥、山道与人相遇时，不要你争我抢，以防不测，要懂得礼让。不要在旅游景点的长椅上睡觉，更不要坐在椅子的靠背上，双脚踩在凳面上。如果遇到老、弱、病、残和怀抱小孩者，要主动让座。

公共温泉浴场的礼仪有哪些？

公共温泉浴场作为一种公共场合，它不同于私家浴室，我们要注意一些礼仪问题。

在公共温泉浴场入浴前，尤其在公共池内，通常应该先把身体洗干净，这是泡汤的首要礼仪，不要因为自己一时的便捷，而造成别人的困扰。某些人会问："洗温泉时可不可以使用香皂？"如果某温泉是属酸性硫磺泉，那么不适合用含碱香皂，否则会发生化学变化而形成残留物对泉水造成污染。另外还需注意像浴巾、沐浴用品等也不宜在温泉中浸泡时间太长，以免纤维受到损坏。最后也特别要注意：别让污水溅到池内！

温泉浴场基本上都是公共洗浴场，有全裸入浴，还有男女混浴的露天浴场，也有穿泳装入浴的温泉，需提前确认。洗浴时通常要做到：

慢慢入浴，不要将水溅到他人身上。

毛巾仅用于敷盖头部，大浴巾禁止入池。

温泉池中不可洗脸、洗发，也不可使用香皂、沐浴乳等其他清洁用品。

不可在水中或水边吐痰，大小便。

衣物要放在衣柜中，不要放在池边，以免影响环境整洁。

不可将饮料或食物放到池边或在池中食用。

不要盯着他人（身材）看，或是大声评价别人的身材，尤其是裸浴或男女共浴的温泉池。

不可在泉池里打闹、嬉戏、追逐。

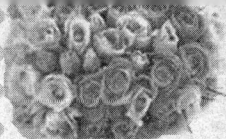

保持安静，与同伴交谈声音要低，不宜大声喧哗嬉闹。

离开温泉池区时应将个人携带物品与垃圾带走。

患有传染病者不宜进入大众池，这也是一种尊重他人的礼貌行为。

入住酒店应注意哪些礼仪？

在入住酒店时，一般进入酒店大堂后，首先应该到前台进行登记，如果你带了大量的行李，门童会帮助你搬运行李，你可以礼貌地谢过之后去登记入住。大厅和走廊是酒店生活中的主要公共场合，因此一定要记住，不要表现得像在自己家中一样。甚至穿着睡衣或浴衣转来转去。此外，还应该注意进入酒店的时候，要安静；在酒店大堂里，不要聚成一大群，应该三三两两地站或坐在一起；在大堂里可轻声交谈，但不可大声喊叫，更不应跑来跑去；到了楼层后，仍需保持安静，尤其是在夜间。进了房间以后，把门关好并上锁；酒店的房间通常隔音不是太好，在房间里，无论是打电话还是看电视，声音都要放低，以免干扰其他房客。

住进客房以后，虽然打扫客房是服务员的工作，但是也不能因为有人打扫就不注意保持清洁卫生，废弃物要扔到垃圾筐里；在卫生间，不要把水弄得到处都是；如果你准备连续住上几天，你可以留一张便条给客房服务员，告诉他们，床单和牙刷不必每天都换，这样的客人一定会受到饭店的尊重和欢迎；洗发膏、牙刷、肥皂、信封、信纸之类的小用品可以带走，但要注意有些物品是有偿使用的；在房间用餐完毕后，通常要用餐巾纸将碗，碟擦干净，放在客房外的过道上方便服务人员收拾；他乡遇知己一定很高兴，与朋友

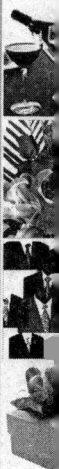

欢喜相聚也应该注意有节制，会客时间太长是不适宜的，一般不要超过23点；国外的酒店一般不提供热水和开水；如果需要热水和开水，可以打电话要求客房服务，但最好先问清楚是否收费，以免到时候因为误解而发生不愉快的事情。

离开酒店时，还应当注意一些礼仪。别想当然地认为可以从酒店拿走毛巾、床单或其他物品，酒店对房间物品的管理非常严格，这样做会导致令你尴尬的局面，而且到最后还要为此付款；如果不小心弄坏了酒店的物品，不要推脱责任，要勇于承担并且加以赔偿；如果你想要些纪念品的话，可以到酒店的商店里买一些；在很多国家，尤其是在美国，给小费是一种约定俗成的习惯，客人接受各项服务后应当给服务员小费，包括酒店的房间服务人员，你可以把小费放在枕头上，以答谢他们为你清理房间。

图书馆礼仪有哪些?

图书馆不仅是人类文明的宝库，也是学习和交流知识、获取信息的场馆。因此，要求读者在学习知识的同时，也应遵守图书馆的内部规章制度。读者在图书馆学习应着装整洁，进图书馆前应自觉将手机关机，不能穿背心、吊带、拖鞋进入图书馆，要自觉遵守图书馆的规章制度，爱护图书馆的设施，保持环境安静和清洁卫生，严禁吸烟、吵闹。

读者在图书馆看书要讲文明，讲礼貌，不要抢占位置，为自己或为他人划地盘。图书馆是公共学习场所，只要有空位人人皆可入坐，但欲坐别人旁边的空位时，应先有礼貌地询问一下其旁边是否有人。

在图书馆借还图书、进行微机搜索、课题查询、打印，或在语音室听录音，在影像室看录像等，要按顺序排队，不要争抢。在图书馆最好不要穿钉铁跟的皮鞋，入座和起座要轻，翻书也要轻。特别是在阅览室，走路要轻，不要发出声响，如果要与学友交谈问题，应轻声细语，若需长时间讨论，应到室外交谈。

读者在图书馆学习和阅览书籍、报刊时，应自觉爱护图书馆的公共设施和书籍、报刊。阅览时不在图书、报刊上涂画或在图书、报刊上乱剪乱抠。查阅资料时，若遇到自己解决不了的问题，可以有礼貌地向图书馆咨询人员请教。

参观博物馆、展览馆时应注意哪些礼仪？

展览馆、博物馆通常是环境相对特殊的场所，这些场所一般展出的都是具有很高纪念价值和收藏价值的文物或艺术品，所以展览馆、博物馆都对馆内环境有着非常高的要求，对参观者也有着一定的礼仪要求。

首先，在着装方面，因为馆内的气氛都是高雅庄重的，所以如果参观者衣冠不整，蓬头垢面，就会和馆内环境产生非常不和谐的冲突。尤其是在炎热的夏天，许多游客都喜欢到安静清凉的博物馆里来参观，但有些参观者往往不注意自身形象，穿着背心、短裤、甚至拖鞋，好像在自己家里一样，其实这是对博物馆里的其他参观者、工作人员以及展品的一种不尊重、不文明的行为，往往会破坏整个参观氛围。

其次，展览馆、博物馆同图书馆一样，是一个比较讲究安静的地方，只有安静的环境才能使参观者静下心来，感受艺术品体现出

来的艺术美感。因此，参观者在馆内应该始终保持安静，尽量不要高声谈论，更不能大声喧哗。有些参观者在参观时，看到一些令人拍手叫绝的艺术品，常常会兴奋地呼唤同伴来看，高声呼喊同伴的名字；有的旅游团在馆内集合时，导游往往也会大声地寻找团员，这些做法都会严重扰乱馆内的安静气氛，影响了他人参观的情绪，分散了他人的注意力，是不文明、不礼貌的行为。

再次，通常展览馆、博物馆里展出的艺术品一般都是十分珍贵的，具有非常高的艺术价值和经济价值。但某些参观者在参观时总是觉得只是看看还不够，一定要亲手摸摸展品，这种做法对展出的艺术品、文物是一种很大的"损害"，甚至会起到破坏作用。很多展览馆、博物馆都有"禁止触摸展品"的规定，对于那些价值极高的文物、艺术品，博物馆也采取了设玻璃罩、隔离线等的防护措施。但并不是所有的展品都有防护措施，如果参观者不遵守这些基本的规定，展览馆、博物馆"防不胜防"。

所以到博物馆、展览馆参观前，应做好着装的准备。应该选择比较正式的服装与服饰；保持安静；在参观时，参观者应注意阅读展品旁的说明，这样做既可以对展品的基本情况有所了解，也会对其价值作出评价。有些展品的说明文字中会有显眼的"禁止触摸"的标志，参观者应认真阅读。

进出体育场时应注意哪些礼仪？

在体育场文明观赛体现在许多细枝末节上，观众的文明水平不仅在比赛进行期间有所体现，在比赛开始的前后，也应该表现出一种良好的文明礼仪风范。

（1）进场前注意仪表。观众进入体育场馆前，应该注意自己的着装打扮，虽然看体育比赛用不着像参加正式宴会那样西装革履，但是在体育场所也要注重着装礼仪，同时也可以体现出自己的个性，能让人一眼就能够分辨出你是哪方的支持者。

（2）入场礼仪。关于看比赛的进退场礼仪，乍听上去，会显得有些过于追究细节，但就以前举办的各项赛事的经验看来，进退场程序繁杂不亚于登机检查。提前到场、存包、接受检查……仅是入场就有很多需要注意的环节。入场后要尽快找到自己的座位入座，不要妨碍其他观众观看。退场时又是一番折腾。赛场无小事，赛场礼仪更是从这些环节当中表现出来。在进退场期间，经常发生因为拥挤问题与他人发生吵闹，或者是因为其他鸡毛小事大打出手的事情。来看比赛，本来是一种娱乐享受，大没有必要因进退场等细小问题搞得不高兴。看比赛时，由于观众人数众多，要想创造良好的场馆环境，只有一个办法，就是大家要有序地自觉地遵守赛场规则，才能顺利完成这些工作。其实这很容易做到，只需要您多一点耐心、多一点自觉就完全可以做到。良好的赛场环境是靠大家共同创造的，不要因为自己的行为而影响其他观众。按秩序进退场，是维护比赛环境的重要环节。

（3）配合赛场安检工作。观看大型比赛必须具备的一个环节就是安检，只有每一位进入赛场的观众都积极配合工作人员进行安全检查，才能保证良好的赛场秩序和观众的人身安全。有时候，观众携带的包可能因不符合规定而被要求存放在指定的地点，有的会被安检人员打开进行仔细检查，此时观众应该主动配合并听从安检人员的安排，不要与安检人员发生争吵，更不可由于情绪激动而严重

扰乱赛场秩序，否则安检人员有权禁止这样的观众入场观看比赛。进场后，观众应该尽快找到自己的座位入座等待比赛的开始，所以在入场前观众应该提早记住票上自己的座位号，不要进场后现找，以免造成过道堵塞。

（4）退场时应注意的礼仪。观众在比赛完结后再陆续退场，不仅表现出对运动员和裁判员的尊重，同时也是一种素质的象征。但现实中往往有很多观众会因为对赛事不满意、失去兴趣，或者为避免散场时的人员拥挤等原因而提前退场。但如果在比赛还没有结束时就有大批观众提前离开，会对比赛造成很大影响，而且会打击运动员比赛的积极性。如果确实是有紧急情况不得不提前离场，最好等到比赛间歇时再离开，不要在比赛进行时随意离场。

（5）进场退场应注意事项。进场以后，所有观众应该对号入座，特别是在一些重大的赛事中，赛场的上座率很高，所以绝对不要乱占他人座位。观众最好在入场前牢记自己票上的说明和座位号码。观众不能走演员、运动员通道。据调查，大型的体育场馆都会设置专门的演员或运动员专用通道，观众绝对不能使用这些通道。观众进场必须走观众通道。不得携提包进场观看比赛。去现场的观众禁止携带武器、刀、易燃易爆、有毒、辐射物品，挎包，提包，背包及罐装、瓶装、软包装饮料等硬杂物进场，携带相机、摄影器材的观众应按不同比赛的要求接受存放或者遵守禁止拍照的相关规定。进场后不能跨区走动。不要在场内随意走动、吸烟、追逐打闹、大喊大叫、起哄。观众在看台上不要拥挤，不要在过道上逗留，更不要翻越攀爬。退场要听从相关人员的指挥。比赛结束后，观众退场时要听从执勤民警和工作人员的指挥，按指定的出口和路线迅速有

一口气读懂礼仪常识

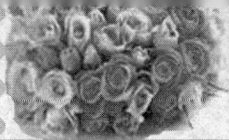

序地离开，并通过指定的人行线路进入候车场，所有行人都必须到原候车位置上车。

观看球赛时应注意哪些礼仪？

球赛作为一种竞争非常激烈的体育活动，在观看的过程中，高潮迭起的场面往往深深吸引着每一个观众的眼球，球员们高超的技艺，教练员临场斗智，能给观众带来满足和快乐；运动员坚忍不拔的斗志和良好的体育作风，也使观众从中受到鼓舞和教育。当然，作为看球赛的观众，我们也应当注意一些球场礼仪。

首先是进场。观看球赛虽不像到剧场那样刻意要求穿着打扮，但也应当服装整洁、自然大方，穿背心、三角裤是不合适的。观众入场应先排队购票，有秩序地进场，如果迟到，应当尽量不影响其他观众观看比赛。从别人身前经过要礼貌地请人"借过"。碰着别人了，要说声"对不起"。

其次是观看。观众入座后，要遵守赛场秩序，不抽烟，不喝酒，不吃带皮带核的食物，不乱扔纸屑杂物，观看比赛时要对运动员的精彩比赛加油叫好，适时恰当地叫好声可以使运动员受到激励，使其发挥更好的水平。叫好加油要适可而止，疯狂地喊叫，会使人感到刺耳，显得粗俗。运动员失手或裁判员错判了，不要带头起哄、吹口哨，更不应该大声喊叫带污辱性的话语。

对领先一方的精彩表演，我们要报以热烈的掌声给以鼓励，使他们有更加出色的发挥。落后的一方，一时情绪比较低迷，动作迟缓，反应呆板，原有水平得不到最大限度的发挥，这时更离不开观众给他们加油鼓励。热情洋溢的加油声，会使他们头脑清醒，精神

振奋，并很快进入良好的比赛状态，赛出自己的风采，使比赛更激烈更精彩，让观众能够一饱眼福，获得较大的满足。相反，如果对落后一方嘲笑鄙视，"嘘"声不止，更会使他们士气低落，一蹶不振，因此看这样的比赛也不会得到什么享受。

看球赛是最容易把人的情绪调动起来的。这时如果想把自己控制起来并不大容易。但是这时也最能体现出一个人文明礼貌程度的高低，道德修养比较高的人，善于在这个时候冷静地控制自己。在大型国际比赛场上，在场观众的表现反映着一个国家的文明状况。作为中国人，我们应当表现出"礼仪之邦"的风度，不要在球场上表现得没有素质，没有教养，让外人讥笑。

比赛结束后，对运动员的表演均应报以热烈的掌声，表示谢意。如果自己一方获得了胜利，不要得意忘形，手舞足蹈。如果自己一方败了，也不要抱怨球员、教练，不要冷嘲热讽，甚至出言不逊。

最后是退场。当比赛结束离开赛场时，不要争先恐后，特别是在人流涌向场馆出口的时候，更不要向前拥挤，应随着人流缓缓有序而出。出场后不要封堵围观运动员，运动员的车辆从身旁通过时，不要拥堵车道，为表示友好可以向运动员招手致意。

在医院看病应注意哪些礼仪？

人难免会有生病的时候，生了病，就免不了要去医院看病。在医院看病时，应当注意哪些礼仪呢？

（1）要遵守规定，文明候诊。挂号应依次排队。顾客在候诊时不要大声吵闹和随意走动，也不可以在大厅内吸烟、随地吐痰和乱丢果皮纸屑。保持一个安静、卫生和舒适的就医环境，既有利于提

高医务人员的工作效率，又可减少对所有候诊病人的不良影响。当医务人员叫到自己的名字时，应该及时礼貌地回应一声，随后到指定的位置坐下，不要迟疑拖沓，麻烦医生一再叫唤。

（2）应当尊重和相信医生。我们到医院看病，应遵从医院的安排，对新老医生应同样敬重，特别是当年龄较小的医生为自己诊断病情时，要积极配合，主动说明病情症状，协助医生做出正确的诊断。如果我们确实对医生的诊断产生怀疑，应该有礼貌地谦虚地向医生述说自己的疑问，请医生再作考虑，并尽可能把疑虑解释清楚，切不可看到诊断结论和自己的想法不符，就随意反驳医生的话，甚至和医生争吵。作为病人，通常也不可向医生点名要药。如果自己久病成"医"，知道几种药比较适合，可以诚恳地向医生说明缘由，提供给医生作为参考，但决不可以强迫医生按照自己的意见开药。

（3）如果医生询问病情时，病人要如实相告。对病情和症状，既不可缩小、掩饰，也不可夸大，更不可弄虚作假和无中生有地胡乱编造。如果是为了骗取病假，千方百计地欺骗医生，甚至不择手段地伪造体温、心率、血压、血糖和血便，涂改化验单等等，这些做法不仅不道德，而且有可能也会影响自己，贻误对疾病的诊断和治疗。

（4）即使自己有理，也要具有气度。如果偶尔遇到医术不精的医生，对疾病作出了自己认为可疑的诊断时，作为病人也不要随便发火，而应该耐心地询问医生有关处理的依据、缘由，请医生采取必要的措施帮助解释清楚疑虑。如果医生当场不能解决问题，可向其他医生或医院领导反映情况，请他们依据医务工作者的相关工作标准判断是非并作出处理。如果已肯定是医生的过错，作为病人也

不要随意争吵，更不能纠集家属或同事、好友一起围攻医院，扩大事态，而应该通过合理的途径来妥善地解决所存在的问题。

乘坐飞机时应注意哪些礼仪？

乘坐飞机时的礼仪通常包括：候机礼仪、飞行中的礼仪、使用公共物品等。

（1）候机礼仪

乘坐国内航班一般应该在飞机起飞前90分钟到达机场，乘坐国际航班应提前120分钟到达，以便有充足的时间办理登机手续。在办理手续时，乘客要耐心等待，听从工作人员的指导与安排。维护环境安静、卫生，不得在候机厅大声吵闹、抽烟、乱扔果皮纸屑。

（2）飞行过程中的礼仪

乘客登机前要按规定自觉排队检票。进入机舱时，当空中小姐或是机长礼貌迎接乘客的时候，应该友好地回应。注意照顾前后乘客，登机以后应该遵守乘客规则，在乘务员的指导下入座。通常每个座椅背后都有一个小桌供后面的乘客使用，除用餐时例外，不宜长时间放下。如果需要放低座椅靠背休息时，应先和后面的乘客打声招呼，礼貌询问一下是否方便。

（3）爱惜公共物品

飞机上的卫生间或梳妆台都是公用的，在使用时应该保持清洁，不要长时间在里面待着不出来，以免影响其他乘客的使用。飞机上提供的毛巾、杂志等物品应该爱惜使用，保持整洁。座位上的氧气罩和座位下面的救生衣不可随意玩弄，那是在发生紧急情况时使用的。

（4）乘坐飞机的禁忌

飞机从起飞到平稳飞行中再到落地停稳前禁止使用一切干扰无线通讯的电器，如：手机、手提电脑等。乘客不准在乘客舱内吸烟，如果飞机尾部设有吸烟区，需要抽烟的乘客应自觉走到吸烟区吸烟。当飞机发出"请勿吸烟"的讯号时，即使你正在吸烟，也应该马上把烟掐掉。还有为了保障乘客的人身安全，任何乘客均不得携带枪支、弹药、刀具以及其他武器，不得携带一切易燃、易爆、剧毒、放射性物质等危险物品。

乘坐火车时应注意哪些礼仪？

很多人都会有乘坐火车的经历，那么，在乘坐火车时到底有哪些需要注意的礼仪呢？

（1）乘坐火车通常要提前半个小时到达火车站，在候车厅等候时，要爱护候车室的公共设施，不要大声吵闹，追逐嬉戏，携带的物品要放在座位下方或上面的架子上，不抢占座位或多占座位，不要躺在座位上使别人无法入座。乘客要注意保持候车室内的清洁卫生，不要随地吐痰，不要乱扔果皮纸屑。

（2）检票时要自觉排队，不要拥挤、插队，以免发生肢体冲突。进入站台后，要站在安全线后面等候，以免发生事故。要等火车停稳后，方可在指定车厢排队上车。上车时，要有序上车，不要拥挤、插队，不应从车窗上车。

（3）有次序地进入车厢，并按要求放好随身携带的行李，行李应放在行李架上，不应放在过道上或小桌上。吸烟请到吸烟区，不要在车厢内吸烟，不随地吐痰，不乱扔果皮纸屑。

（4）去餐车用餐时，如果人数过多，不可争先恐后，应耐心排队等候。在用餐时，应节省时间，不要大吃大喝，一边调侃一边吃饭。用餐完毕，应即刻离开，不要赖着不走，借以休息、聊天。

（5）如果在座席车上休息，不要左右摇晃，更不要卧倒于座席上、茶几上、行李架上或过道上。不要靠在他人身上，或把脚跷到对面的座席上。不要随便脱鞋袜。上厕所时不要看书以免别人久等。

（6）下车时，乘客应自觉排队等候下车，不要拥挤，或是踩在坐椅背上强行插队或从车窗下车。

乘坐轮船时应注意哪些礼仪？

乘坐飞机和火车有一定的礼仪常识，当然，乘坐轮船也概莫能外。在乘坐轮船时我们要注意哪些礼仪常识呢？

在乘船时要注意您船票的等级并对号入舱。

上船后要爱护船上设施。一般游船上空间较大，娱乐设施齐备，时间也很充足，您不妨结识一下船友，或许会有意外的收获。

乘客要维护船体环境，保持干净卫生。如果带有防晕船的药品，往往可以帮助有需要的人。

如果带有小孩，请照顾好小孩，在船上不可随意让他们登高爬下、奔跑追逐，以免发生安全事故。

遇上好的景点，拍照时请不要挤抢，这也是安全的需要。

静静地欣赏水面风景和岸上景色是一种美好境界，吵闹喧哗会打破这份宁静。

通常船上的许多设备都与保障安全有关，即使好奇也不可乱动，以免影响正常航行。

船上的供水往往有限，应注意节约用水。

乘船要待船舶停稳后，方可有序上下，以免发生落水事故。

乘坐公共汽车时应注意哪些礼仪？

公共汽车不仅是日常生活中最常见的交通工具，同时是公共场所之一。大多数群众，尤其是起早贪黑的上班族及学生，几乎每天都需要乘坐公共汽车等运输工具，别小看这个不是很大的车厢，人与人之间应对进退的礼貌却大有学问，有的人可能因为一早挤公共汽车就憋了一肚子的气，使得一整天没有好的心情，实在没有必要。其实，我们只要掌握一些乘车礼仪的原则，就能做一个快乐的乘车族。

（1）要按顺序排队上下车。车到站时，要先下后上，自觉排队，不要拥堵在门口。通常情况下，"男女有别，长幼有序"应是一种公众准则。遇有年老及行动不便者，应主动给予协助。绝不可凭借自己年轻力壮，车尚未停稳便推开众人往上挤，这样不仅显得十分粗野而且极没素质。

（2）要注意文明细节。乘客上车后应主动买票、刷卡、投币或出示月票。上车后应尽量往里走，不要堵在车门口，否则没有上车的乘客不好上车。一般情况下，一上公共汽车，如果车上仍有很多空着的座位，最好不要坐老弱妇孺专座，除非大家都就坐，只剩下老弱妇孺专座，那么暂时坐下也是可以的，但在下一站若有老弱妇孺上车，那么这个座位上的乘客就应当马上起立给他们让座。乘坐公共汽车几乎是大部分市民生活的必备环节，在乘车过程中，即使是小小的礼貌问题，都可能会影响他人一天的心情。例如，在车上

大声聊天、谈论别人的隐私等。放任幼儿在车上吵闹、嬉戏，不仅会妨碍同车者的情绪，甚至影响司机开车的注意力，容易发生安全事故；乘客不要在车厢内吸烟、随地吐痰、乱扔废弃物等，人人应该争做净化乘车环境的使者。

（3）应提前做下车准备。乘客在车到站以前，应提前做好下车的准备。如果自己距离车门比较远，应先礼貌地询问前面的乘客是否这站下车，如前面的乘客不下车，要尽量与其调换一下位置。

一口气读懂礼仪常识

通联礼仪篇

接电话应注意哪些礼仪？

接听电话太随便可能会产生不必要的误会，所以，在接听电话时也要讲究基本的礼仪和一定的技巧。

（1）及时接电话

及时接听电话会给对方留下好印象，让对方感觉到自己被看重。通常情况下，在办公室里，电话铃响 3 遍之前就应接听，6 遍后就需要道歉："对不起，让你久等了。"假如说话人正在做一件紧急的事情不能及时接听，代接的人应合理解释一下。如果既不及时接电话，又不道歉，甚至显得很烦躁，就是极不礼貌的行为。

（2）确认对方

如果对方来电，往往会自己主动介绍。但是对方也可能没有介绍或者你没有听清楚，那样就应当主动询问："请问你是哪位？我能帮您做什么？您找哪位？"但是，人们通常的做法是，拿起电话听筒首先盘问一句："喂！哪位？"这在对方听来，冰冷而疏远，缺少人情味。接到对方打来的电话，您拿起听筒时就应首先做个自我介绍："你好！我是某某某。"如果对方找的人在附近，你应该说："请稍等。"然后用手掩住话筒，轻声通知你的同事接电话。如果对方找的人不在附近，您应该告诉对方，并且问："需要留言吗？我一定妥为转告！"

（3）讲究方法

通常接听电话时，应注意使嘴和话筒保持 4 厘米左右的间隙；要把耳朵贴近话筒，仔细听对方的讲话。最后，应让对方自己挂掉电话，然后轻轻把话筒放好。不可"啪"的一下扔回原处，这极不

文明。最好是在对方之后挂电话。

（4）调整心态

不要以为笑容不只是体现在脸上，它也会藏在声音里。亲切、热情的声音会使对方马上对我们产生较好的印象。所以，每当你拿起电话听筒的时候，最好要面带笑容。如果黑着脸，声音也会变得冷冰冰。

接电话的时候不要叼着香烟、嚼着口香糖；说话时，声音也不宜过大或过小，吐词清晰，保证对方能听明白。用左手接听电话，右手边准备纸笔，便于随时记录有用信息。

接、打电话常用礼貌用语有哪些？

接、打电话有诸多礼貌用语，以下是一些比较常用的礼貌语。

（1）接电话的礼貌用语有：

您好！这里是×单位×部（室），请问您找谁？

我就是，请问您是哪一位？……请讲。

请问您有什么事？（有什么能帮您？）

您放心，我会尽力做好这件事。

不用谢，这是我们应该做的。

×同志不在这边，我可以替您转告吗？（请您稍后再来电话好吗？）

对不起，这类事情请您向×部（室）咨询，他们的号码是……。（×同志不是这个电话号码，他（她）的电话号码是……）

您打错电话了，我是×公司×部（室），……没关系。

再见！

（2）打电话的礼貌用语有：

您好！请问您是×公司吗？

我是×公司×部（室）×，请问怎样称呼您？

请帮我找×同志。

对不起，我打错号码了。

对不起，这个问题……请留下您的联系电话，我们会尽快给您回复好吗？

打电话时应注意哪些礼仪？

打电话同接电话一样，也有一定的礼仪要求。

（1）打电话时，首先要注意周围的杂音

例如电话的声响、旁人的说话声，或是你吃零食所发出的声音。吃喝的杂声进入话筒后会扩大，这会令电话另一端的人感觉厌恶。

（2）打电话时要讲究简短，而且声音要温和

我们不清楚别人有多忙，或者认为施压给他人是情有可原的，这是不对的。千万不要浪费别人的时间，因为一寸光阴一寸金。打电话时，要保持柔和、轻松和自然，并尽可能用较短的时间表述你的话题，然后结束。如果你遵循这个原则来打电话，别人会很高兴在办公室里接听你的电话。

（3）如果电话没人应答，应重新再拨

如果你已经拨了一次电话，但是没人应答，你应重新再拨，不管没人应答是谁的不对。如果你打错了电话，不可对被你打扰的人发出不礼貌的声音，"啪"地挂掉电话。你应该迅速诚恳地表达歉意："非常抱歉，我打错电话了。请你不要生气。"再挂掉电话。如

果你表达了歉意，别人就不会心生抱怨了。

（4）拨打电话也要守时

如果你计划与某人联络，而直接打电话到办公室找他，必须先问一下："这时候打电话给你方便吗？"如果时间不合适，你可以另外约个时间再联络。他或许在赶时间，或是办公室里有客人，或是正在参与某项会议，所以没办法接听你的电话。也可能你打电话给他时他不在场，比如正在洗手间，或者他有其他约会，所以不方便接电话。所以你一定要问一下："这时候打电话给你方便吗？"这是非常重要的事。

（5）注意对方所说的话

当你接听电话时，不要一边看电视，或是一边阅读文章，否则你会错过重要的谈话内容。对方或许已注意到你的心不在焉，他也不知道该怎么办，如此一来，谈话时间就会拉长，比原计划长了很多。保持轻松，并且要有适当的间隔，这样电话就会尽快结束，当然也就能更加的称心如意。其次，通话中不要突然转身与办公室里的其他人说话，因而打断电话。当你知道必是你的电话时，而你的注意力放在与你交谈的人最在意的问题上时，你应该示意秘书或同事去接听。同样的，当你约了别人来办公室谈论某事，而你却在这时候一直打电话，这种举动实在显得无礼且效率不高。

（6）面对无趣的来电者也要有礼貌

电话已经十分普遍，你一定会常常接到推销产品的电话，要避开这些电话好像不可能。来电者也许令你感觉不好，因而难免会遭到一些斥责。但是他们通常是年轻人，才开始创业，斥责他们实在

显得太无情，因此当有人来电推销产品时，正确的处理方式是告诉他："我不需要你的产品或你的中介服务。我的这个部门库存有很多这种产品，不过我还是很感谢你的来电。你说话很好听，我们也谈得很融洽，看得出来你很用心，我虽然帮不上忙，但仍祝你好运。希望你的业绩飞升！"然后挂掉电话。可能因为有你如此的夸奖，对方将会满心喜悦，而不会生闷气！

（7）打电话给国外的人请求帮助，应确定他是否该回电话

如果你打电话给国外的人请求帮助，或者试图向他介绍一个理念，你必须确定他是否该回你的电话。通常电话费应该由你来付，而不是他。举例来说，如果你从北京打电话到华盛顿找某人，这个人正好不在办公室里，此时最好不要要求他回你的电话，否则你必须负担那笔昂贵的电话费。你应该问明他什么时间有空闲，然后再打电话给他。如果留言请他务必回你的电话，要表明由你付费。打国际长途恳求或商量某事，对于普通人来说可不是一个小数目。

在使用手机时应注意哪些礼仪？

随着手机的逐渐普及，在公共场所或者工作场所无所顾忌地使用手机的人越来越多，所以手机礼仪就应当越来越受到我们的关注。在国外，如澳大利亚等国家的电讯营业厅就采取了向顾客发放"手机礼节"宣传册的方式，宣传手机礼仪。在使用手机的时候应注意以下这些问题：

通常在楼梯、电梯、大厅、人行道等这些公共场合，不可以肆无忌惮地使用手机。

在会议中、和别人洽谈业务的时候，最好将手机关掉，至少也要调到震动状态。这样不仅体现出对别人的尊重，又不会扰乱发话者的思绪。而那种在会场上铃声不断，并不能反映你"公务缠身"，反而显示出你的素质低下。因为在会场或会谈的短暂时间里，你不和别人联系也不会天崩地裂！

在一些场合，比如在电影院或在剧院打手机是极其不礼貌的，如果非得回复，可以采用静音的方式发送手机短信。

在餐桌上，关掉手机或是把手机调到静音状态还是有必要的。免得正吃到兴头上的时候，被一阵烦人的铃声打断。

不论你有多忙，为了自己和其他人员的安全，在飞机上都禁止使用手机。

使用手机，特别是在人多的场合，应当把自己的音量尽可能控制到最小，而绝不能大声说话，以吸引别人的眼球。

在一切公共场合，手机在不使用时，都要放在合乎礼仪的常规位置。无论怎样，尽量不要在并没使用的时候捏在手里或是悬挂在衣服外面。放手机的常规位置有：一是随身携带的皮包里（这种位置最正规）。二是上衣的内袋里。三是裤兜里。

有时候，可以将手机暂时放在腰带上，或是开会的时候暂时交给秘书、服务人员代管，也可以放在不显眼的地方，如手边、背后、手袋里，但不要放在桌上。

手机短信越来越成为当今人们关注的热点。在一切需要手机震动状态或是关机的场合，如果短信的铃音此起彼伏，那就和直接接打手机没有什么区别。因此，在会议中、和别人洽谈的时候即使使用手机接收短信，也要设定成静音状态，不要在别人注视你的时候

一口气读懂礼仪常识

查看短信。一边和别人谈话，一边查看手机短信，能体现你对别人的尊重吗？

在短信的内容选择和编辑上，也应该和通话文明一样得到重视。因为通过你发出的短信，意味着你肯定至少不否定短信的内容，也同时反映了你的品味和水准。所以不要编写或转发不健康的信息，一些带有诋毁伟人、名人甚至是革命烈士的短信，更不应该转发。

网络礼仪的注意事项有哪些？

用于规范因特网行为的社会和技术方面的基本协议被称为"网络礼仪"，也叫"网络规章"。尽管网络礼仪规则不是法定的条例，但学习和掌握这些规则是极为重要的。随着依靠因特网通信进行事项处理和进入虚拟空间的人数的增长，保持融洽的人际关系，网络礼仪就显得十分重要了，我们应该注意以下这些事项：

（1）要重视别人的存在

互联网使来自全国各地的人们在一个共同的地方聚集，这是高科技的优点，但往往也使得我们面对着电脑显示器忘了我们是在跟别人打交道，我们的行为也因此容易变得低俗和无礼。因此我们要记住别人的存在。在现实生活中当着别人的面不会说的话，在网上也不要说。

（2）与大伙保持统一

同样是网站，不同的论坛有不同的规定。在一个论坛可以做的事情，在别的论坛可能不适合做。建议你最好先爬一会儿墙头观望一下再发言，这样你可以知道论坛的氛围和可以接受的行为。

（3）网上网下行为一致

通常在现实生活中大多数人都遵纪守法，讲文明讲礼貌，在网上也同样应该如此。网上的道德和法律与现实生活是一样的，不要以为在网上与别人交往就可以降低道德标准。

（4）尊重别人的时间和网速

在提问题之前，先自己花些时间去搜索和思考一下。很有可能同样问题之前已经问过多次，现成的答案随手可及。不要以自我为中心，要明白别人为你寻找答案需要消耗时间和资源。当别人网速慢时应该予以理解。

（5）共享你的知识

除了回答提问以外，还包括当你提了一个有深度的问题，而得到很多答案，特别是通过电子邮件得到的，以后你应该写份总结与大家分享。

（6）让自己在网上留个好印象

网络有一种虚拟的性质，所以别人无法从你的外观表现来判断你，你的一言一语都会成为别人对你印象的唯一判断标准。如果你对某个方面不是很明白，找几本书看看再发言，不要不懂装懂。同样，发帖以前认真检查一下语法和用词，不要故意挑衅和使用脏话。

（7）心平气和地争论

在网上争论是正常的现象。要以理服人，不要破口大骂。

（8）不要滥用权利

通常管理员和版主比一般用户有更多的权利，应该珍惜使用这些权利。

（9）尊重他人的隐私

他人与你用电子邮件或私聊（QQ）的记录应该是个人隐私的一部分。如果你知道某个人用笔名上网，未经其本人同意将他的真名公开则是一个不礼貌的行为。如果不小心看到别人电脑上的电子邮件或个人秘密，你不应该到处传播。

（10）学会宽容

我们都是从新手开始的，都会有犯错误的时候。当看到他人写错字，用错词，问一个幼稚问题或者写篇没意义的长篇大论时，你不要在意。如果你真的想给他一些建议，最好用留言私下提议。

使用电子通讯时要注意哪些问题？

近年来出现了一个新名词叫"网络礼仪"，所谓"网络礼仪"指的其实就是互联网电子通讯方面的相关礼仪。在使用互联网的电子通讯时，如果你的电子信息（如传真、电子邮件）没有经过加密处理，收信人很可能不是惟一读到这份讯息的人。因此，以这种方式传递敏感性资讯时就必须踌躇再三，以审慎为上策。应当注意许多事项，这样就不仅可以顾及到礼法，还可以向对方展现你对正当程序的掌握。

（1）信息中应当辨明收信人与自己的身份，以利于彼此联系。除了传真号码外，你还应提供电话号码或地址，或二者兼具。

（2）撰写电子信件就仿佛你在和对方面对面谈话一般，如果你写得过分晦涩，或文句过于简略，对方可能会产生错误的印象。

（3）仔细检查拼法、文法和信息的一般外观，尽管你使用的是现代科技，切不可因此疏忽了传统规格和礼法。

（4）字形大小要适当。字形过小可能会传达不清。提醒对方若碰到信息模糊的状况，应速与你联络，如果有所疑虑，不妨使用快递服务或限时邮件来传递该项资料，无论如何，你为对方设想和防患未然的态度一定会赢得对方的欣赏与感谢。

（5）在信息上方应首先注明文件主题。让对方一眼就能预知端倪。这样即使事情繁多，他也可将事件排定优先处理程序。公司商号倘若生意鼎盛，事务繁忙，通讯可能无法得到即时处理，如果每项信息都标明第一优先，碰到真正紧急的时刻也就缺乏冲击力了。

电子通讯有哪些禁忌？

随着时代的发展，现在使用电子通信的人越来越多。其实，在使用电子通讯的过程中，也存在着一些禁忌。

（1）不要轻易相信你收到的任何信息。如有疑虑，务必详查！

（2）不要冒犯任何人，当你听到一则粗鄙的笑话，即使当时赢得你莞尔一笑，别忙不迭地通过电子邮件和你所有的同业或同事分享。在业界尚有助理及秘书负责收件，你的电讯很可能在无意中触犯了他人。

（3）不要用大写格式打出所有的电子信息，网友之间谑称此为"号叫"，阅读起来相当吃力，常会惹恼读信人。

（4）因为电子邮件的使用已有很长时间，如果你是位生手，认不清通行的十几二十个缩写，就不要控诉那些使用它们的人，比如说，"先此致谢"是TIA，"顺便一提"是BTW。

（5）如果传真信息篇幅过长时，别忘了加上页码。如此一来，收件人按页裁钉时易于辨明纸张顺序，以便阅读及存档。

电子邮件中的礼仪有哪些？

随着网络的普及，电子邮件也逐步取代了以往的邮寄书信，在使用电子邮件的过程中，我们也要注意一些礼仪问题。

（1）在寄信前，认真核对收件人的邮件地址，确信邮件不会发给别人。

（2）每天都要注意查看新邮件并尽快予以回复。

（3）回复邮件时适当附上原文，以便收件人能很快知道来信内容。

（4）每一封信都要列出一个主题，主题要明确、清晰，能准确说明信的内容。

（5）正确简洁地书写邮件，而不要加入过多无意义的感情词语，电子邮件也要遵守商业信函的写作要求，邮件能清楚、准确表达即可。

（6）通常把信件发往多个邮件地址时，最好分别发送。

（7）不要未经对方许可发送广告邮件，即使你确信这个广告能为其带来益处。

（8）不要发送色情、暴力等非法内容的邮件。

（9）正确使用电子邮件列表。一是不要将全是广告的信件发送到他人的信箱。二是不要擅自把他人的邮箱地址加入到邮件列表。三是在发送的邮件中要说明如何快速取消订阅。四是如果必须发送邮件到他人的邮箱里，请写明道歉的词句。五是如果发送较大的邮件要先进行压缩，以减少对他人信箱空间的占用。

使用新闻组时应注意哪些礼仪？

简单地说，新闻组就是一个基于网络的计算机组合，这些计算机被称为新闻服务器，不同的用户会通过一些软件连接到新闻服务器上，阅读其他人的消息并可以参与讨论。作为一个完全交互式的超级电子论坛，新闻组是任何一个网络用户都能进行相互交流的工具。在使用新闻组时，我们需要注意的礼仪有：

（1）我们在进入新闻组时，首先要阅读新闻组的常见问题解答。

（2）如果第一次参加一个新闻组，请潜伏一段时间，了解新闻组的主要内容和风格。

（3）在发言时不要用激烈的词语。

（4）发言时核查一下自己的言论是否适合这个新闻组。

（5）发表言论时最好附上自己的联系方法，表示你对自己的发言负责。

（6）最好不要跨组发表言论。

（7）当回复别人的言论时，不要只写几个字，如"我赞同"等，这样显得你对别人的言论不认真热情。

网上聊天时应注意哪些礼仪？

作为人们社交的一部分，网上聊天也要注意一些礼仪。聊天时使用礼貌用语不仅表示尊重对方，也体现了自己的修养和内涵。幽默又不失体态，让对方知道你在表述什么，尊重他人其实也是自尊。

一个有修养的人，他（她）会很在乎对方的存在，聊天的时侯注重礼貌用语，而且会掌握回答的分寸。如果他（她）确实某些事

情不能及时回答，他（她）也会礼貌的向对方表示歉意。人与人之间应当相互尊重，你不尊重别人，别人也不会尊重你的。

上网聊天，我们需要注意：

（1）表述准确，错字要少，让人可以看懂你到底在说什么。

（2）要用别人看得懂的图片。

（3）尽量少用前卫的词汇。

（4）最好不要同时和很多人聊。

（5）不要边聊天边看电视或打游戏，会让人觉得没礼貌，没修养。

（6）尽量克制自己的好奇心，不打听对方的隐私，不泄露对方的资料。

（7）不要发表污秽的言论。

（8）不要发表过于长篇的言论。

（9）不要重复某一句话。

（10）针对某一个人时，要先标明对方的姓名或者邀请他到单独的聊天室。

书信礼仪有哪些？

我国是有名的礼仪之邦，人与人之间的思想感情交流，大多通过一定的礼仪形式和一定的文化活动方式来进行。像书信、名片、柬帖、启事、题诗题词、对联等，现代的如电报、传真、特快专递、电子邮件等，这些应用写作包含着丰富的礼仪内容，具有中华民族浓厚的文化色彩。所以在使用书信时，我们应当特别注意一些礼仪问题。

（1）要按照书信格式写信，即开头要顶格写尊称，另起一行空两格写问候语，下面一段才是正文，正文写完后，要写上期盼或祝福的话语，最后才是写信人的姓名和时间。有些人写信总是忘记写时间，这是不应该犯的错误。如果信写完以后又想起了什么事需要写在信里的话，就在信的后面另外加一个附件，把要补充的话写上去。外文书信与中文书信的内容要求是基本一致的，格式上略有不同。如果要用外文写信，就要按照该国文字的常规要求和书信格式进行书写，不要随心所欲。

（2）一般书信内容要求把想要说的事情说明白，把想要说的话都写上就可以了，只要收信人能看懂你写的全部意思就算任务完成了。如果是商务交往和其他经济业务性质的书信，在内容的表述上就要讲究一些，相关的重要因素必须全部包括在内容中，不得漏掉。例如商业往来方面的业务信件，就要写明商品名称、商标、规格、数量、质量、价格、起运时间、出厂时间、合同签定情况或规定、交付款项的时间、地点、方法，运输过程中的保护、保险、到货时间、取货方式，万一发生意外事故之后如何理赔等。并且商务和其他经济业务方面的往来信件要留下底稿备案，收到来函要妥善保管，以便将来查询，万一出现什么问题就有可靠的证据。

（3）如果是传送信息、联络感情等方面的信件，要做到及时、准确，感情表达要恰如其分，遣词造句要平缓，字要书写整齐，不要出现错别字，不要造成收信人的误解和不悦。

（4）写信时请勿用红笔或铅笔，私人的书信最好用手写不用打印的字，如果是公函则可以打印，但是后面的签字必须用手亲笔书写。信不能开着口子寄出去，如果是请人代信的话，就要开着口子

当面交给代信人，以表示对他的信任。如果别人让你代信时，就要当面把开口信封好，以表示谨慎、小心。

（5）信写完以后，一定要复查一遍，至少认真阅读一遍，看看有无遗漏、错别字等，如果有，就要改正过来。遗漏的意思和话写在附件里，附件写多少都没有太大关系。还有一点要引起注意，即在同时给不同人写信时，就要把信封和信纸（内容）一定弄正确，不要张冠李戴，把给老李的信寄给老张，而把老张的信又寄给老李，一错就肯定是两个同时错，在现实生活里经常出现这样的糊涂事，关键还是没有足够的谨慎，没有引起足够的注意所致。

（6）关于信封的书写，在我们的传统礼仪中，收信人的名字后面要加上"同志"两个字，因为这不仅是给邮递员看的。但是在现实生活里，人们往往不大愿意接受这种写法，尤其是给领导、长辈写信时，名字后面写"同志"二字感到比较不礼貌。主张从礼仪的角度出发，应该灵活一些，不必强求一致。

书写信函时应注意哪些问题？

尽管，现代通信十分发达，你可以打电话，也可发送传真或电子邮件。但有时候，信函也是很有必要的，因为可能寄出一封书信才是达成一个目标的最佳方式。在书写信函时，要注意哪些问题才能抓住阅信人的注意力，以达到这封信函的目的呢？

（1）你的信息是否做到了清晰易懂，简短扼要。许多人都爱将"话多不甜"挂在口上。如果你的信超过一页篇幅，可能就太长了。

（2）一定要正确拼写或称呼收信人的姓名和职衔。当你应该提

到某人的业务头衔或特殊职称时，要使用正确的格式。如果你真的搞不清楚正确的格式，也可以打电话给相关的人询问。如果你已有许久未与某人联系，他的头衔可能有所变更，就更要问清楚。

（3）信中要留有适当的"空白"。如果一封信写得密密麻麻，显得十分拥挤，缺乏空隙，阅信人或许会懒得去读，或读得不够用心。

（4）信笺的选择应该与信息相辅相成。如果你想要传达的是一则严肃的信息，信笺和信封就不该投射出嘻笑玩闹的形象。请千万不要选用花纹圆点或狂野奔放的色彩，不寻常的图形或印制的花样必须与书信意旨相关。

（5）书信一定要经过真人亲笔签名。例如一封信若署名为"文学委员会"或者"顾问委员会"，所具备的分量就会不足。因为署名的意义就是发信人表示对信件内容负责，所以不但要签上本名，姓氏也不该忽略，让收信人一目了然，在回信时确知应与何人联系。

（6）如果你的信是两张信纸，而第二张信纸的内容只有信函的署名，请务必将第二页弃置不用，重新编辑原文，让第一页能够纳入署名，或者将原文内容延长增添，令最后一页的内容充实饱满，不要只包含了"祝好"或"某某人敬上"。

（7）检查句法和标点。检查逗点使用是否恰当，如果你问了一个问题，有没有忘了使用问号，信的内容和思路是否清晰，段落是否分明等。案牍手册须具现代风格，并应勤加查阅。

（8）再度检核事实和数据，确保真实无误。如果信中提及附加其他资料或档案，附件应当齐备。

文书都有哪些礼仪？

各行业的礼仪规范都会涉及到文书礼仪。对个人而言，得体的文书礼仪体现了其基本的文化素质；对企业而言，商务活动中，在要求的时间内，及时准确得体的文书，可以表现一个企业的良好风范。所以了解文书礼仪，在纸面上做到有礼有节，是十分必要的。

（1）名字、名称要使用全称

职业文书包括贺函、贺电；感谢信、感谢电和感谢公告；邀请函、邀请电和复件；国书、全权证书、授权证书、委任书等，还包括一些事项通知，类型十分广泛。需要特别指出的是，职业礼仪文书中，在文字中的名字、名称，在第一次出现时都应使用全称。比如文电中的外国国名，如习惯用简称，可使用正式简称。某些特殊国家，不可使用简称。文中的单位名称，第一次亦应使用全称。对方的职衔、姓名要用全称。

（2）称谓使用要适当

在文书中，对方在社会中的职务、职称、地位的称呼，称为公职位。如主席、总理、部长、局长、校长、主任、经理、董事、会长、秘书长、理事等。如果收信人有过两种以上的职务（或职衔），甚至同时身兼数职，就需要选择一个适当的称呼。选择的原则是视书信内容与受信人的哪个职位关系密切。如受信人从前是寄信人的老师，现在当了局长，而寄信人的书信重点是叙师生情谊，那么，这封信的称谓就应以表示师生关系为宜。

（3）称呼要体现尊敬谦虚

古人曾在书信中表现出"自谦而敬人"的美德，对别人用敬称

的同时自己用谦称，就是古人"自谦而敬人"的做人原则在书信中的具体表现。书信中的敬称称呼是向对方表明尊重，一般用古代的爵称，君、公等，也可在称谓前加敬字，或者称字和号。像"夫人"一词，是专用来称对方或他人妻子的，也包含尊敬的意思，但称呼自己的妻子为"我夫人"就不合适了。

（4）文书内容要翔实准确

文书礼仪包括范围相当广泛，在工作过程中单位与单位、个人与个人、个人与单位都有可能形成一定的书信关系，比如邀请函、传真等，在撰写时，内容就要求准确、适当，根据不同的时机和对象，把文书写得恰如其分、恰到好处。有时候，还可根据具体情况写进一定的实质内容，以便使礼仪文书达到更好的效果。文书中涉及的时间、地点和其他有关资料，均应经过核对，做到翔实可靠。不应把礼仪文书仅仅视为"应景文章"，只是简单抄袭和套用现成的格式。

现代人写信的机会越来越少，大多数人都已经习惯使用 E-mail，但其实一些基本的原则，比如书信的结构、敬语、称呼等，还是应该和传统书信一样，讲究礼仪规范。

写表扬信要注意哪些？

表扬信就是赞扬集体或个人的先进事迹和高尚品德的一种礼仪文书。表扬信表扬的对象可以是群体，也可以是个人；可以是对模范行为、英勇举动的表扬，也可以是对崇高品格、先进思想的表扬。表扬信通常可以在一些公布栏张贴，也可发给表扬对象的所在单位，或者是提供在报刊上发表，在互联网上登载。作为一种特殊函件，

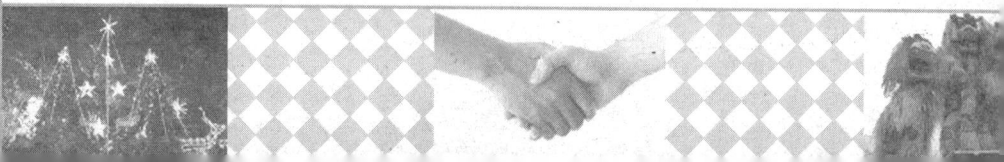

表扬信起到了弘扬正气、激励先进的作用。要写好表扬信,都需要注意哪些问题呢?

表扬信是由标题、抬头、正文、结尾、落款五部分组成。和一般函的写法大致相同。

标题。标题写"表扬信"三字。如需张贴的要用特大号字,显得醒目。

抬头。类似函的主送机关。写明表扬信送达的机关或个人。一般是写单位名称。即便是表扬个人的,也常常是发给表扬对象的所在单位。

正文。写清表扬单位或个人的事迹。通常要把由来、经过及表扬的对象所表现的精神品格写清楚。

结尾。建议有关单位给予宣传、表彰。

落款。就是署名和写上日期。行文时要加盖公章,以示效用。

赠言中应注意哪些礼仪?

在日常交往中,常常需要为亲朋好友书写留念赠别之言,这就是我们常说的赠言。同学们在一起学习数年,快要毕业的时候都要互送赠言或照片留念。可是在阅读某些同学的留言本时却发现他们写的留言很不礼貌,有失文雅,体现不出当代学生的文化修养。有一句古话说:"赠人以言,重于金石珠宝。"为别人书写赠言签名时,除了对其具体内容要加以字斟句酌外,还需要注意一些礼节。

赠言书写要工整。写给别人的东西,别人往往要留很长时间。所以写时要认真整齐,尤其是自己的签名更要注意,不能写出的字只有自己认识。签字时所用钢笔的墨水也是很讲究的,只能用黑墨

水，不能用铅笔、圆珠笔；也不能用其他笔签字。工整书写字体则体现了对别人的尊敬和诚意。

赠言要求情感真诚。我们做人要真诚，做事也要真诚。给别人赠言最忌讳虚情假意矫揉造作，只有发自肺腑的情真意切的赠言才有纪念意义，才会使受赠者感动、高兴和重视。

用语要高雅脱俗。也就是说书写的赠言内容要高雅，要避免出现无聊低级的内容，最好要推陈出新，独具匠心。也要避免消极颓废、低俗无聊、取笑他人的内容出现。通常是些鼓励的，希望的，祝福的话语。此外，赠言内容还要有针对性，不同的人物不同的事情所写的内容也应该不同，不能千篇一律。

形式可多种多样。可以采取格言式、对联式、诗歌式、书画式、对话式等等。内容要求尽量充实，言之有物，同时不要千人一面，枯燥乏味。我们可根据不同的情形，去引用一首诗，一句格言，一个警句、一幅对联等来表达自己的想法。如果加上一手好字，就会给人一种美好的感觉，给人以艺术的享受，也会在受赠者心里留下美好的回忆。

写完赠言和签过字后，应双手将留言本捧还给主人；如果你想让别人给你签字写赠言，要选准时机，最好在对方高兴、方便时进行，不要让别人感到为难，要双手递上本子，完事还要表达谢意。

签名时应注意哪些礼仪？

在社会交往活动中，我们可能经常碰到的一件事情就是签名。通常好的签名不但有助于树立良好的个人形象，而且能促进彼此之间的感情交流。那么，我们在签名时应注意哪些问题呢？

首先要诚恳，别人请你签名，就表明了他人对你的尊重和想要与你交往的愿望，所以要以诚相待，友好地满足他人的要求。

签名最好不要用圆珠笔、彩笔，更不可用铅笔，通常要用钢笔或毛笔，最好用专用签字笔。还要根据纸张的尺寸，结合自己姓名字体的结构特点，采用横写或竖写。

签名时，做到握笔要"稳"，运笔要"静"，放笔要"轻"，千万不要故作洒脱，给人一种漫不经心、随随便便的感觉，这样显得过于失礼。

签名时，字要写得清楚明白，能让人一目了然，最好用楷书体或行书体，切忌用"狂草"。如果字迹过于潦草，会让人从直观上感到你办事马虎急躁或不识礼仪。

如果是多人依次签名，自己的字应该与别人写的字大小差不多，不要过多地超过别人的字体，不然会给人一种盛气凌人、人高一等的感觉。

我们在同师长、女士一起签名时，要让师长、女士先来，不要"你争我抢"，也不要对他人的签名品头论足。

平时可以抽时间学习一些书法知识，把握好自己姓名的字体结构，力争在签名时，把字写得既熟练，又美观大方。

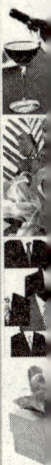

节 日 礼 仪 篇

中国的春节礼仪有哪些?

作为世界闻名的"礼仪之邦",我国在节日礼仪方面非常讲究。如果运用得好,能够让你在与亲友的交往中表现得更加大方得体、彬彬有礼,也能成为生活中的"礼仪专家"。

过春节时,如果拜年太突然,不仅会让对方毫无准备,也会造成自己的失礼。特别是拜访自己的朋友同事,更应该电话问清人家的具体安排,做到非请勿拜。由于年假是最长的假期,许多人喜欢熬夜到凌晨,太早拜年很可能影响别人休息。春节期间,晚饭的时间通常是一家人团圆的时刻,晚间拜访也会造成不礼貌。因此,根据主人的作息规律来安排时间是最好的选择。确定好时间后一定要按时到访,不要去得太早,也不要迟到,一般来说早到 10 分钟左右最合适。

"拱手抱拳礼"双手有高低,"过年好,给您拜年啦!"双手抱拳拱手,互相行礼,既表达一种尊敬祝福之情,又有几分传统味道在其中。殊不知,这双手的高低、左手右手谁压着谁还有说法。

仪表应整洁、庄重、大方,以表示对主人的尊重;客人到主人门前时,要轻轻敲门或按门铃。主人听到敲门或门铃声出来后,要彼此互相问候方能进屋,不要门一开客人便随即进门;即使门大开,也不可直接进入屋内,待主人示意进屋后方可进屋。进入主人家门后,要将自己的帽子、外套、手套交给主人的家人处理,如果主人家的房间是地毯或地板铺地,则应向主人要求换拖鞋,这里应该注意一下,出门前最好换双干净袜子,保持干净卫生是对主人最基本

的尊重之礼。客人进入屋内后，要向长者、熟人以及其他先来的客人问声好，等到主人安排座位后就座；如果主人上茶点烟，客人要起身道谢，双手迎接；如果主人献糖果，不可争抢，要等年长者和其他客人先取之后自己再取用；果皮、果核不要随地乱扔；不可翻动主人家的东西。

给客人倒茶应当讲究"酒满茶半"。当今社会，以茶待客成为人们日常交往和家庭生活中比较普遍的应酬方式。俗话说：酒满敬人，茶满欺人。上茶时应该注意茶不要倒得太满，以七八分满为宜，否则就有逐客之嫌。当然，喝茶的客人也要讲究礼仪，特别是小辈应双手接过，点头致谢。以茶待客是家庭礼仪中待人接客的一种经常性环节，也是社会交往的一项内容，以茶待客不仅是对客人、朋友的敬意，也能体现自己的修养。

在春节聚会吃饭时，经常会使用带转盘的圆桌，转转盘这看似再简单不过的举动，其实里面也大有学问。如果饭局上长辈和晚辈共坐一桌，为表示敬意，一道菜刚上来，应先转到主人、主宾，或长者、尊者面前，等他们享用之后，其他人再慢转转盘。并且，转盘应朝一个方向转动，不要时而顺时针、时而逆时针转动，或快速旋转转盘。这样不但会使其他人的筷子"落空"，也会给人一种没有礼貌的感觉。

告辞前要对主人的盛情款待表示感谢。主人送出门口时，客人迈出一步要转回身向主人告别。如果主人站在门口，客人要走出几步后或在拐角处，回过身来告别，并向主人说"请回"、"请留步"等话。

一口气读懂礼仪常识

春节大扫除应注意哪些礼仪？

春节是全国人民大喜的日子，同时也是"大洗"的日子。根据中国传统，人们会在新年来临前将屋子进行一次大扫除。各单位、各家各户都免不了要进行这样一次彻底的大扫除，清除所有卫生死角，扫去所有尘埃，窗明几净地迎接新的一年。搞清洁固然是一件好事，但是在大扫除的同时，我们也要稍微注意一下别人的感受。

如果想要打扫办公桌，就要注意不要殃及池鱼。如果打扫的声音过大，甚至是用嘴吹灰尘，那样，就会把灰尘全吹到邻座那里去了，不仅会影响别人正常办公，还会破坏别人的心情。

每到春节附近，很多楼道里尤其是各家门前的垃圾袋就会增多，好多家门前都摆着几大袋垃圾，估计都是大扫除清理出来的。可是既然都把垃圾拿到门口了，再多走几步不就送到楼下的垃圾箱里了吗？

另外，每逢过节大扫除时，要尽量注意让洗衣机或吸尘器的声音小一点，不要影响邻居的休息。

春节前期打扫卫生是我们的传统。大扫除的目的是清理垃圾。我们在热火朝天地进行大扫除为过年做准备时，也要注意不要影响别人的生活，毕竟我们都不是绝对独立的。如果是身为上班族，也许只有晚上才有时间打扫房间，那就不妨将声音比较大的工作放在 21 点之前做完，21 点之后做一些没有噪音的事情，或者干脆休息，养精蓄锐明日再战。每个人都很珍惜自己的健康，都需要良好的休息环境。

拜年送礼有哪些讲究？

新春佳节是人们探亲访友的一个大好时机。拜年除了给亲朋好友带去一片美好的祝福外，带上点礼物也在情理之中，也表现了一个人的交际艺术。但是，拜年送礼也是有一定讲究的。

去看望一位生活比较拮据的下岗职工，你给他捎去名贵烟酒，其实还不如带去两瓶食用油，这对他来说更为实际；如果去看望病人，可以选送一些山茶、金桔、月季、米兰、菊花、水仙、百合花等鲜花和营养品，以示慰问；如果是去看望你的恩师，带上一幅品位高雅的书画，想必老师一定会格外珍爱；如果去看望你的母亲和长辈，除了可以买些水果和点心外，再额外地带个红包；送给少年儿童的礼物，可以选送一些能让孩子们增加知识，对开发智力有益的少儿读物，或者选送一些能丰富少儿生活想象力的新颖玩具；如果去看望你的上司，带上一束鲜花、一本书或文房四宝之类的艺术摆件是最好不过的了。

过春节给父母送礼物应注意哪些？

每逢春节来临，做子女的都会送给自己的父母一份礼物。那么，在选送礼物时，应注意哪些事项呢？

根据不同类型的母亲，你可以选送不同的礼物。

如果你的母亲是一位吃苦型的母亲。到家政公司为妈妈办个家政服务年卡，让妈妈在新年里从繁重的家务劳动中解脱出来，这或许是最佳的礼物选择。因为这类母亲大多操劳俭朴，繁重的家务让妈妈累得憔悴不堪，请钟点工舍不得花钱，儿女又腾不出时间帮忙。

太贵重的礼物，在她眼里可能是一种浪费，她甚至舍不得享用。所以，给她送礼必须讲究经济实用。

如果是事业型的母亲，你可以为她挑选一套高档化妆品。华贵典雅的妆容能让妈妈在出席时尚聚会、高级宴会时变得更加年轻美丽，仪态万千。这是个很有创意的选择。

如果是主妇型的母亲，一台洗碗机就是最好的选择。看着妈妈长年累月浸泡而粗糙的手，让一台洗碗机将妈妈的双手解放，实在是个不错的选择。妈妈有了它，就如同身边多了一个像儿女一样的好帮手。

对于贴心型的母亲，到花店为妈妈定做一个漂亮的鲜花礼盒无疑是个不错的选择。香水百合是对妈妈辛勤的回报，红白黄玫瑰代表对妈妈说不完的爱，青青的叶子希望妈妈能青春永驻。

另外，为父亲挑选新年礼物也可以按照不同的类型来确定。

网络型老爸。最佳礼物当属数码摄像头和 U 盘。选择一款精巧美观像素高的产品，比如 USB 接口，内置麦克风，能够方便地将音频和视频加入到即时通讯中，还可以实时视频传输。它不仅能够促进父亲与朋友的感情交流，而且实况直播，防止因神秘好奇而触发网恋，妈妈也少了许多担心，父母都会很高兴。有了 U 盘，爸爸下载资料就方便多了。

干部型老爸。可以选择收音机和 MP3。数字调谐全波段立体声收音机接收能力超强，设置好常用频道以后，可以像看电视一样，按一下按钮就能听到自己喜欢的电台节目。MP3 体积小，随身携带可收听好多音乐，还可以增添老爸的时尚魅力。最后，别忘了买足电池。

朴实型老爸。你可以选择一把按摩椅。豪华按摩椅能根据人体曲线沿脊柱采用摇摆、指压、捏拿、推揉等多种按摩手法进行深层按摩。当他坐在按摩椅上享受全身放松的乐趣时，心里肯定无比甜蜜，好像你就在他身边，为他捶捶背揉揉肩一样，爷爷、奶奶、妈妈也都可以享用的。

日本的新年礼仪有哪些？

在日本，每年的 12 月 29 日—1 月 3 日为全国休假日，日本人特别重视新年。日本人还把 12 月 31 日称之为"大晦日"，也就是除夕日。

除夕晚上，日本人称之为"除夜"，除夜时日本人一般会祈求神灵托福，送走烦恼的旧年，迎来美好的新年，称之为"初诣"。除夕午夜，为了驱除邪恶，各处城乡庙宇都会分别敲钟 108 下。日本人则静坐聆听"除夜之钟"，钟声停歇就意味新年的来到。人们就会离座上床睡觉，希望得一好梦。

日本人称 1 月 1 日为"正日"。1—3 日为"三贺日"。元旦早上，家人围坐在一起，互相讲述除夕做的梦，以测吉凶。

在正日，小辈需要先去父母那里拜年，向父母问安，然后再到亲友家拜年。新年还是个"吃"的节日，各国人民都以食用自己民族的食物来祈求好运。日本人在"正日"这一天，早餐一般比较丰盛，吃砂糖竽芳、荞麦面等，喝屠苏酒。此后一连三天，则吃素的，以示虔诚，祈求来年大吉大利。现日本多数城里人已经放弃新年吃素习惯，改在"除夜"吃一餐空心面条，以祝在新的一年里，健康长寿。

新年里，日本人通常会在自己的户门口上方拉起一条草绳或用草绳编的圆圈，被称为"注连绳"或"注连饰"。有的还摆上一些松竹，叫做"门松"。许多公司大厦门口和街头巷口都用松竹梅搭起设计新颖、别具一格的牌楼，以示庆贺。人们还将鹤、龟等象征长寿的动物剪纸贴在住宅内外，祈祷平安。同时还根据十二生肖，刻个年肖，相互赠送。邮政省还大量发行绘有年肖的"贺年邮票"。无论是个人还是团体之间，最热门的祝贺方式就是互赠贺年片，日本人称它为"飘舞的风筝"，遥致深情。在新年里如果谁收到的贺年片多，谁就会感到新的一年前途美好，财运亨通，格外喜悦。新年里，街坊四邻、亲戚朋友、孩子之间拜年的习惯仍然盛行。见面时的第一句话一般就是"恭贺新年"。

印度的新年礼仪有哪些?

印度的新年是从每年 10 月 31 日起，共 5 天，其中第四天为元旦。

在印度，新年第一天，谁都不许对人生气，更不准发脾气。在印度的有些地区，人们以岁月易逝、人生苦短，用哭来迎新年，是对人生的慨叹。所以元旦早上，家家户户哭声不断，人人脸上涕泪横流。有些地区的人们以禁食一天一夜来迎接新的一年，由元旦凌晨开始一直到午夜为止。正因为这种怪异的习俗，一般称印度的元旦为"痛哭元旦"、"禁食元旦"。

在过年的前 5 天，各地的印度人都要演出印度史诗《罗摩衍那》（意为罗摩的游行），扮演史诗中的英雄与纸扎巨人"作战"，"英雄"引发点着火的箭，纸扎巨人便在观众的欢呼声中着火烧毁，除

夕前，家家户户门前都张贴上各种精美图画。

在元旦早上，印度的人们还提着精制的小灯，拿着红粉包，出门向老人和亲友拜年。见面道喜后，就会互相将红粉涂在对方的额上，表示吉祥如意，抬头见喜。年青人也会把红墨水装进水枪里，射到亲友身上，称为"洒红"，表示吉祥如意。印度青年喜欢在过新年时不管熟悉与否，见面徒手格斗。围观者叫好助威风，往往成为姑娘追求的对象。印度中部土著民族勃希勒人，为了庆祝新年，在游戏场中竖立一根圆滑粗大的木杆，杆顶有一只盛着礼品的小袋，姑娘们手持禾竹竿竭力阻挠向杆上爬去的小伙子，小伙子们则在杆下围成一圈，努力防御姑娘们对爬杆者的攻击，直到爬竿者夺得小袋取得胜利为止。

朝鲜的新年礼仪有哪些?

朝鲜的新年为元旦日，和我们中国很相近，在新年时期，朝鲜人也有贴窗花、桃符的习俗。朝鲜人在新年时，家家户户贴对联和年画。有的人家还在门上贴上寿星或仙女的画像，祈求上天保佑，驱走鬼魅，赐给幸福。

元旦黎明时分，朝鲜人一般会把一些钞票塞进了除夕预先扎好的稻草人中，扔到十字路口，表示送走邪恶，迎接吉祥福星。黄昏，人们又将全家人一年中脱落的头发烧掉，祝愿家人四季平安。新春佳节，朝鲜的妇女穿戴一新。元旦日少女们一般会头戴一种称为"福巾"的麻制帽子，身穿带花纹的五色彩衣，进行荡秋千比赛。她们以一处树花为目标，如果谁先踢到或咬到，谁就为胜者。也有人会在高处挂上铜铃的，以先碰响者为冠军。

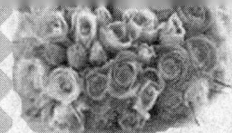

新年期间，除了享以美酒佳肴外，朝鲜人还必须要做一种用糯米加上松子、栗子粉、枣泥和蜂蜜等蒸煮成与我国的八宝饭相类似的甜饭食用，以预示家里人丁兴旺，日子过得像蜜一样甜。

伊朗的新年礼仪有哪些？

因为伊朗实行的是伊斯兰历，所以它的季节和月份一般是不固定的。在伊朗，庆贺新年就是庆祝春天到来，往往是在公历3月下旬举行。

伊朗人过新年通常要隆重庆祝一周的时间，在这段时间里，人们会涌上街头生起"篝火"——"夜火"，然后全家人依次从夜火上跳来跳去，这表示可以烧掉"晦气"，迎来光明，驱邪灭病，幸福永存。伊朗人除夕夜要吃"七道菜"，为了表示吉祥，每道菜的名称都要以字母"S"开头。另外，人们还会在初一到初三走亲访友，互祝春节快乐。新年最后一天，全家出游踏青，以避邪恶。

除夕之夜，全家人会欢聚一堂，吃顿丰盛的"团圆饭"。这时桌上一般摆着七样东西，其波斯文名称的第一个字母都是S，称为"哈夫特辛"。七样东西各有其含义：麦苗或豆苗寓意万物生机勃勃，欣欣向荣；苹果寓意硕果累累，鲜美滋润；醋寓意生活美满，有滋有味；蒜寓意驱除恶魔；金、银币寓意招财进宝，发家致富；香料（调味用）寓意生活美好；麦芽糖寓意生活甜蜜。此外，桌上还会放着《古兰经》和伊斯兰教什叶派鼻祖阿里的画像，它表示主人的虔诚；同时，还有镜子、蜡烛、彩蛋和金鱼等象征着光明、诚挚和前程似锦。

泰国的"宋干节"有哪些礼仪?

泰国的"宋干节"("宋干"是梵语的译音),即传统的新年,也叫"泼水节",是公历的每年4月13日到16日。

在这个节日里,泰国人会抬着或用车载着巨大的佛像出游,佛像后面跟着一辆辆花车,车上站着化了妆的"宋干女神",后面是成群结队的身着色彩鲜艳的民族服装,敲着长鼓,载歌载舞的男女青年。在游行队伍经过的道路两旁,善男信女夹道而行,把银钵里盛着用贝叶浸泡过的渗有香料的水泼洒到佛像和"宋干女神"身上,祈求新年如意,风调雨顺,然后人们再互相洒水,喜笑颜开地祝长辈健康长寿,祝福亲朋好友新年幸运。如果是未婚的青年男女,则会用泼水来表示彼此之间的爱慕之情。泰国人在新年第一天都在窗台、门口端放一盆清水,家家户户都要到郊外江河中去进行新年沐浴。为庆贺新年,泰国人还举行大规模的"赛象大会",比如说人象拔河、跳象拾物、象跨人身、大象足球赛、古代象阵表演等,这些内容都精彩动人。

英国的新年礼仪有哪些?

有一种说法:英国人新年访友不敲门。

在英国,其实圣诞节要比公历元旦,也就是英国的新年隆重,但是在除夕夜和元旦,英国人还是会根据当地的风俗习惯开展种种庆祝活动,以示送旧迎新。

在除夕的深夜,英国人常常会带上糕点和酒出去拜访,但是他们不敲门,就径直走进亲友家去。因为按照英国人的风俗,除夕夜

过后，朝屋里迈进第一只脚的人，就预示着新的一年的运气。如果第一个客人是个黑发的男人，或是个快乐、幸福而富裕的人，就预示着主人将全年吉利走好运。如果第一个客人是个浅黄头发的女人，或是个忧伤、贫穷、不幸的人，就预示着主人在新的一年中将可能遭霉运，会遇上困难和灾祸。

在英国，除夕在亲友家作客的人，在未交谈前，要先去拨弄壁炉的火，祝福主人"开门大吉"。英国的新年庆祝活动大都在除夕火夜举行，比如"迎新宴会"，这种宴会分"家庭宴会"和"团体宴会"两种，宴会通常是从除夕晚上8时开始，直至元旦凌晨结束。宴会上也会备有各种美酒佳肴和点心，可供人们通宵达旦地开怀畅饮。午夜时分，人们会打开收音机，聆听教堂大钟的新年钟声，钟声鸣响时，人们一片欢腾，举杯祝酒，尽情欢呼，高歌《往昔的日光》。另一种庆祝活动是"除夕舞会"。由当地的旅馆举行舞会，夜幕降临，人们就会身着节日装，从四面八方赶到这些装饰一新的灯光辉煌的舞场，在美妙的乐声中翩翩起舞。成千上万的人群，还云集到各个广场，围绕着广场中心的喷泉和厄洛斯神像，载歌载舞，尽情狂欢。为了让在家里"守岁"的人也共享欢乐，电视台还在广场做现场直播。

元宵节有哪些礼仪？

元宵节，也叫花灯节，在每年的农历正月十五。因为元宵节是一年中的第一个月圆之夜，又与春节相连，因此备受人们关注。

在元宵节之夜，城镇街市上到处火树银花，彩灯耀眼。有各种各样精美的花灯和焰火，还有用许多灯扎成的灯树，以及悬挂着的

制作精美的各种谜语，供人们观赏和猜测。

在那天，人们还纷纷涌上街头观赏扭秧歌、舞龙灯、耍狮子、踩高跷、跑旱船、击太平鼓等娱乐表演，就是通常所说的"闹社火"。这些活动增添了节日的欢乐气氛，已成为我国民间艺术中不可缺少的组成部分。

另外，元宵节时家家都会吃元宵、吃饺子、吃年糕，祝福合家团圆，年年登高。

元宵节期间，除了观赏灯会，各地民间还有送花灯的习俗。人们通过送花灯来表达各种各样的美好祝愿，但是送花灯也是大有讲究的。

在我国的福建省，元宵节给新嫁女送灯的习俗已逾千年。在福建方言中，灯与"丁"谐音，尽管各地送的灯品式样不尽相同，但都是同一个目的——"添丁"。

在福州一带，已嫁女未生育者，第一年娘家多于正月初十送一盏"观音送子灯"，意思是送"丁"；第二年则送"孩儿坐盆灯"；第三年如女儿已生男孩，娘家可送各式的灯，意味着"添丁仔"；如果还没有生育，则送"橘子灯"，因为在福州方言中，橘与"急"谐音，意为催促生育。

在泉州等闽南各地，一般会送给新嫁女一对白莲花灯，送嫁后已生男者一红一白的灯。灯内点有蜡烛，花灯失火，通常视为喜事，叫做"出丁"。

可以选送的花灯种类还有很多，如走马灯、关刀灯、莲花灯、兔子灯、绵羊灯、钱鼓灯，应有尽有。莲花灯一般是送给女孩的，寓意接受花灯的女孩越长越漂亮；如果想要男孩对自己温顺体贴，

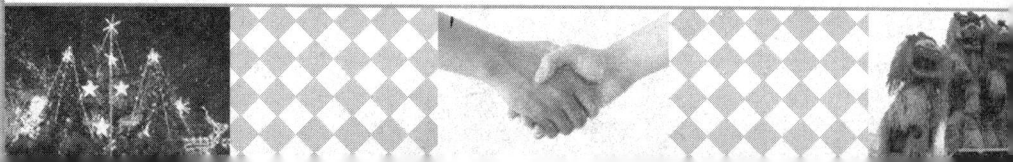

女孩就会送男孩一盏绵羊灯；希望孩子长大有武才，大人便给孩子送关刀灯；希望孩子有文才则送状元骑马灯等。

情人节有哪些礼仪？

每年 2 月 14 日是情人节，它是青年人寻找美好爱情的节日。在这一天，青年人通常要向心中的情人寄送一封情人卡，在卡上尽情抒发自己对对方的爱慕之情，不需署名。另外，没有交往对象的年轻男女也常选在这天向喜欢的人告白，情侣亦会特别在这天约会。

在 20 世纪 80 年代，美国的钻石商就开始针对情人节做首饰的促销活动，使得情人节的礼物类型在巧克力和鲜花两大类中，又多了首饰珠宝这一类。此外，唱情歌也是情人们表达爱意的一种形式，有时男性会借着唱情歌向爱人求婚，尤其在情人节这种有意义的日子，更为常见。

中国在改革开放以后，有不少年轻男女也开始庆祝这个节日，目前年轻人对该节日的重视程度已经可以与春节、中秋节相比。一般是男生送女生礼物比较正式，女生也要有所表示。除此之外的重要活动内容是到比较浪漫的地点共进晚餐，互相在网络爱墙上发送祝福也成为新的时尚，它表示爱情的承诺与永恒。对于正在追求女孩的男生来说，如果这一天女孩接受了他的情人节礼物或者表示接受邀请，就意味着恋爱关系的确定。

由于对"情人"一词的不同理解（在大陆用语中，"情人"有时包含"情妇"、"情夫"，即合法婚姻以外的男女关系的意味）这一节日也遭到一些非议。另一方面，由于担心西方节日不断涌入中

国，冲淡对中国传统节日的庆祝，这一节日经常遭到部分人士的反对。比如在香港，由于长期受到西方文化的影响，庆祝情人节在香港已经有多年历史。男女会互赠礼物，男送女的标准礼物通常是鲜花、巧克力、首饰等，女送男的一般是手表、领带等男士服饰用品，并且常会到餐厅享用烛光晚餐。在澳门，情人节这天，男的一般会送鲜花给女的，女的则会送给男的巧克力。男女情侣都非常重视这个节日。

当然，情人节并不仅仅属于情人们，任何年龄阶段的人在这一天都可向自己的父母、尊长、朋友表达情感，赠送礼物。

韩国人的情人节有哪些礼仪？

韩国是亚洲最浪漫的国家之一，在韩国，每年共有 21 个情人节。而这么多的情人节中，2 月 14 日的西方情人节是最重要的，后来每个月的 14 日都被定为情人节，虽然都是以爱情的名义，但是每个日子都赋予了不同的意义。每个日子也就有不同的礼仪常识。

比如说：在韩国，每年的 1 月 14 日是"日记日"，恋人一般会在这天向另一半送上礼物表达爱意；3 月 14 日是"白色节"，是来源于日本的爱情节日；4 月 14 日是"黑色日"，它原是韩国民间节日，应该算做求偶日。在这天，如果你是一个还没有找到伴侣的单身者，就要吃黑色食物来表明身份。最常见的黑色食物就是在中国面条上浇黑色的酱汁。孤独寂寞的单身者们希望通过吃这些求偶食品来找到配偶；5 月 14 日是"黄色与玫瑰日"，如果你是一个还在孤独漂泊的人，应该在这天相聚大吃咖喱，还需要穿上黄色的衣服

过节。如果有幸在这天找到意中人，就要交换黄玫瑰。另外，韩国的恋人们还流行庆祝相识100天、200天、300天，以及1000天，再加上两人的生日、初遇周年纪念日等等，林林总总算下来一年有21个情人节，真是多得让人眼花缭乱。

每逢这些重要的日子，韩国情侣们一定会安排浪漫约会来共同庆祝。约会上自然少不了大撒金钱互示爱意，比如烛光晚餐、定情饰物、浓情花束、蜜意糖果等等。商人们面对情人节带来的强劲消费动力，更是推波助澜，挖空心思让情侣们掏腰包，借机大发"爱情财"。

通过庆祝来记忆美好的时候，当然需要金钱来填充，许多情侣在经济上和心理上的压力就会不断增大。烦琐而昂贵的浪漫让许多情侣吃不消。许多恋人为了这些记不清的节日，闹得不欢而散，甚至以分手告终。许多韩国人也大声呼吁：情人节太多，此风不可长。

白色情人节有哪些礼仪？

我们知道西方的情人节，也知道中国传统七夕情人节。但是"白色情人节"是什么呢？

在日本，流传着这样一个民间传说：每年的2月14号原本是女孩子对男孩子诉诸情意的日子，一般由女孩子送情人节礼物给男孩子。但是渐渐发展到最后，已经不分彼此，时至今日，情人节由谁主动送礼物已经不重要了。

在日本，如果一方在2月14日当天收到异性送的情人礼表达爱意，而且对对方也有同样的好感或情意时，就会在3月14日回送对

方一份情人节礼物，那表示今年彼此已经心心相印了。所以他们就把3月14日这一天订为"白色情人节"。

如果你也收到一份期待的情人节礼物，那就赶紧趁着"白色情人节"这一天让对方也感受到你的爱意吧！

妇女节有哪些礼仪？

国际劳动妇女节是全世界劳动妇女团结战斗的光辉节日，又称"联合国妇女权益和国际和平日"或"三八"妇女节。在这一天，世界各大洲的妇女，不分国籍、种族、语言、文化、经济和政治的差异，共同关注妇女的人权。近年来，随着国际妇女运动的成长，妇女节取得了全球性的意义，联合国也举行了四次全球性会议，加强了国际妇女运动。这些进展都使国际妇女节成为团结一致、协调努力要求妇女权利和妇女参与政治、经济和社会生活的日子。

在这一天，作为男士，通常会送女孩礼物，送礼物时一般要注意一些问题。

如果你想要送花给女性，则可以送花，当然不同的花朵代表不同的意义，要慎重考虑才行。茉莉花代表着纯洁和永恒的爱情；凌霄花则寓意慈母之爱，经常与冬青、樱草放在一起，结成花束赠送给母亲。香草是象征着母亲品德高尚、高贵的花卉。康乃馨（香石竹）则被称为母亲之花，它也是母亲节的主花。

当然你也可以送一些对方喜欢的礼物，比如适合她的香水，她喜欢的衣服、鞋子、袋子等。

送礼物固然重要，但是用心沟通才是更重要的，所以在这一天，

如果你想表达你对她的爱，那么，就要多和她沟通才对。

圣帕特里克节有哪些礼仪？

圣帕特里克节是 5 世纪末期起源于爱尔兰的一个节日。节日定为每年的 3 月 17 日，是为了纪念爱尔兰守护神圣帕特里克的。美国从 1737 年 3 月 17 日开始庆祝这个节日。

公元 432 年，爱尔兰人圣帕特里克受教皇派遣前往爱尔兰劝说爱尔兰人皈依基督教。他从威克洛上岸后，当地愤怒的异教徒企图用石头将他砸死。但圣帕特里克临危不惧，当即摘下一棵三叶苜蓿，并形象地阐明了圣父、圣子、圣灵三位一体的教义。他精彩而雄辩的演说深深打动了爱尔兰人，当地人接受了圣帕特里克主施的隆重洗礼。公元 493 年 3 月 17 日，圣帕特里克逝世。爱尔兰人为了纪念他，就将这一天定为圣帕特里克节。一些爱尔兰绅士和商人们于 1737 年在美国马萨诸塞州的波士顿聚会纪念圣帕特里克，并成立了爱尔兰慈善社团。费城和纽约先后于 1780 年和 1784 年成立了"圣帕特里克友谊之子"等团体，从此美国每年都庆祝这个节日。

圣帕特里克节这一天，美国的人们通常要举行游行、教堂礼拜和聚餐等活动。爱尔兰人喜欢佩带三叶苜蓿，并采用爱尔兰的国旗颜色，即绿黄两色装饰房间，身穿绿色衣服，向宾客赠送三叶苜蓿饰物等。

复活节有哪些礼仪？

复活节的开始日期是每年春分（3 月 21 日或 22 日）月圆后的

第一个礼拜日。节日期间有的国家是 4 天，有的国家为 12 天。复活节又叫耶稣复活瞻礼或主复活节，它是基督教教徒用以纪念耶稣复活的一个宗教节日。

复活节是仅次于圣诞节的基督教徒第二大节日，每逢此日，教会都要举行盛大的礼拜仪式。信徒们相见，通常第一句话就是："主复活了。"复活节期间，人们经常互赠复活节彩蛋，因为在古代，鸡蛋象征着生命的起点，并被视为耶稣复活的坟墓。

在复活节的这一天晚上，西方国家的家庭成员都共聚一堂，举行晚宴。晚宴上的传统食物是羊肉和熏火腿。用羊祭祀是基督教信徒千百年的做法，而猪对基督教徒来说象征着幸运。复活节赠送的礼品主要是鸡蛋，人们通常把煮熟的鸡蛋藏在树穴、草丛、石头缝等地方，让孩子们四处寻找，充满着节日的快乐。

愚人节要注意哪些礼仪？

愚人节是欧洲国家已有 800 年历史的民间传统节日，为每年的 4 月 1 日。据说愚人节起源于法国。到了 17 世纪末，英国人也开始过愚人节。随后，它传播到了世界各地，成为许多国家的一个节日。过愚人节时，我们还需要注意一些节日礼仪。

在愚人节期间，人们会以相互愚弄和欺骗来获得快乐。在这一天，人们可以随心所欲地说谎，谁的谎言骗人最多，谁就最受欢迎。玩笑的内容也没有什么限制，几乎什么样的玩笑都可以开，搞什么样的恶作剧都不过分。玩笑的对象也没有什么限制，谁都可以被愚弄和欺骗，所以在愚人节那天，被愚弄和欺骗者一般不许生气，只许苦笑。

愚人节轻松、幽默、愉快的气氛，不仅深受欧美人的喜爱，也逐渐留传到了世界各地，包括我国。尽管愚人节允许开玩笑，但开玩笑也要注意一定的限度。

清明节有哪些礼仪？

公历 4 月 5 日前后为清明节，清明节是我国传统节日。在这个节日里，主要有扫墓、荡秋千、蹴鞠、踏青、植树、放风筝等习俗仪式。

扫墓是清明节最早的一种习俗，这种习俗持续到今天，已随着时代的进步而逐渐简化。清明节当天，子孙们先将先人的坟墓及周围的野草修整和清理，然后摆上食品、鲜花等，向先人祭拜。

荡秋千是我国古代清明节的一项习俗。秋千，意即揪着皮绳来回摆动。它的历史也很古老，最早叫千秋，后为了避讳，改为秋千。古时的秋千多用桠树枝为架，再系上彩带做成。后来渐渐变为用两根绳索加上踏板的秋千。荡秋千不仅可以强身健体，而且可以培养勇敢精神，至今为人们特别是小朋友所喜爱。

蹴鞠也是中国古代清明节时人们喜爱的一种活动。据说是黄帝发明的，最初目的是用来训练士兵。鞠是一种皮球，球皮用牛皮做成，球内用毛填充。蹴鞠，就是用足去踢球。

踏青又叫春游。古代叫探春、寻春等。三月清明，大地渐渐变绿，大自然到处呈现一派生机勃勃的景象，正是郊游的大好时机。我国民间长期保持着清明踏青的习俗。

清明前后，气温回升，气候湿润，春雨飞洒，种植树苗成活

一口气读懂礼仪常识

率高，生长快。因此，自古以来，我国就有清明植树的习俗。有人还把清明节叫作"植树节"。植树风俗也一直延续至今。直到1979年，人大常委会做出决定，将每年3月12日定为我国的植树节。

放风筝也是清明时节人们经常举行的一项活动。每逢清明时节，人们不仅白天放风筝，夜间也放。夜里在风筝下或风筝拉线上挂上一串串彩色的小灯笼，像一闪一闪的明灯，被称为"神灯"。过去，有的人把风筝飞上天空后，便剪断拉线，任凭春风把它们送往天涯海角，据说这样能给家人除病消灾，给自己带来好运。

母亲节和父亲节要注意哪些礼仪？

母亲节是每年5月的第二个礼拜日，这一天，全家人要团聚在一起，并且让母亲休息一天。当日，父亲们要负责料理家务和照看孩子，以便使妻子好好休息一天。孩子们则不准睡懒觉，一大早就要爬起来去为妈妈做上一顿早餐。正餐一般要全家一起到外面去吃。

在母亲节，人们通常要向自己的母亲赠送能够表达自己心意的礼品，其中鲜花是最受人欢迎的。如果子女当天不能赶回家当面向母亲祝贺节日，通常也要打电话向母亲致意。

父亲节是每年6月的第三个礼拜日，人们在父亲节那天，通常要佩戴鲜花以表达对父亲的尊敬。如果父亲健在，子女应当佩戴红玫瑰。如果父亲已经去世，子女则应佩戴白玫瑰。

端午节有哪些礼仪？

每年农历五月初五是我国的端午节，又称端阳节、午日节、五月节、五日节、艾节、端五、重午、午日、夏节。端午节本来是夏季的一个驱除瘟疫的节日，后来因为楚国诗人屈原于端午节投江自尽而变成纪念屈原的节日。端午节通常有多种习俗。

悬挂钟馗像：钟馗捉鬼，悬挂钟馗像是端午节习俗。以前在江淮地区，家家都悬钟馗像，用以镇宅驱邪。传说唐明皇开元，自骊山游玩回宫，突然生了一场大病，夜里梦见二鬼，一大一小，小鬼穿红色无裆裤，偷窃杨贵妃之香囊和明皇的玉笛后绕殿奔跑。大鬼则穿蓝袍戴黑帽，捉住小鬼，挖掉其双眼，一口吞下。明皇询问，大鬼奏曰：臣姓钟馗，武举考试落榜，愿为陛下斩妖除魔，明皇醒后，大病痊愈，于是命令画工吴道子按照梦中所见画成钟馗捉鬼的画像，通令天下百姓在端午时，一律张贴在室内，以驱邪魔。

挂艾叶菖蒲：在端午节，通常人们都以菖蒲、艾叶、榴花、蒜头、龙船花做成人的形状，称为艾人。将艾叶悬于室内，剪为虎形或剪纸为小虎，贴以艾叶，妇人小孩争相佩戴，以辟邪驱瘴。把菖蒲当做宝剑，插于门上，有驱魔祛鬼之功用。

赛龙舟：关于龙舟竞赛的起源，相传当时楚国人因舍不得诗人屈原死去，于是有许多人划船追赶营救。他们各个争先恐后，追至洞庭湖时仍不见屈原踪迹，后每年五月五日都以比赛划龙舟纪念之。人们借划龙舟驱散江中之鱼，以免屈原的尸体被鱼吃掉。竞赛龙舟，盛行于吴、越、楚。清乾隆二十九年（1764 年）台湾

开始有龙舟竞赛，当时台湾知府蒋元君曾在台南市法华寺半月池主持比赛。现在台湾每年五月五日都举行龙舟竞赛。香港也有龙舟比赛。近年来英国人也仿效我们的作法，组织鬼佬队，进行竞赛活动。

吃粽子：湖北沿江的人们，在五月五日会煮糯米饭或蒸粽子，然后投入江中以祭祀屈原。因为害怕被鱼吃掉，所以用竹筒盛装糯米饭投入江中，后来逐渐用粽叶包米代替竹筒。

饮雄黄酒：这是一种在长江流域地区很盛行的习俗。

游百病：这种习俗，盛行于贵州地区的人家。

佩香囊：端午节小孩佩戴香囊，不但有辟邪驱瘟的意思，而且还可以点缀一下衣服。香囊内有朱砂、雄黄、香药，外面用丝布包裹，清香四溢，再以五色丝线加以装饰，做成各种不同的形状，结成一串，形形色色，光彩夺目。

七夕节有哪些礼仪？

七夕节被称为是中国的情人节，每年的农历七月初七这一天是我国汉族的传统节日七夕节。这一天参加活动的主要人员是少女，而节日活动的内容又是以乞巧为主，故而人们称这天为"乞巧节"或"少女节"、"女儿节"。

作为我国传统节日中最具浪漫色彩的一个节日，七夕节也是过去姑娘们最为重视的日子。在这一天晚上，妇女们穿针乞巧，祈祷福禄寿活动，礼拜七姐，仪式虔诚而隆重，陈列花果、女红，各式家具、用具都精美小巧、惹人喜爱。因为各个地区乞巧的方式不尽相同，各有趣味，所以不同地区的人就会有不同的庆

祝方式。

在一些地方，乞巧节的活动是带有竞赛性质的，与古代斗巧的风俗相似。近代的穿针引线、蒸巧饽饽、烙巧果子，还有些地方有做巧芽汤的习俗，一般是在七月初一将谷物浸泡水中发芽，七夕这天，剪芽做汤，该地的儿童特别重视吃巧芽，以及用面塑、剪纸、彩绣等形式做成的装饰品，这就是斗巧风俗的演变。然而牧童则会在七夕之日采摘野花挂在牛角上，叫做"贺牛生日"，因为相传七夕是牛的生日。

到了山东济南、惠民、高青等地，乞巧活动就很简单了，它只是陈列瓜果乞巧，如果有喜蛛结网于瓜果之上，这就意味着乞得巧了。尤其是鄄城、曹县、平原等地，当地人吃乞巧饭乞巧的风俗十分有趣。一般会将七个要好的姑娘集起来包饺子，把一枚铜钱、一根针和一个红枣分别包到三个水饺里，乞巧活动以后，她们会聚在一起吃水饺，传说吃到钱的有福，吃到针的手巧，吃到枣的早婚。

在当今的浙江各地仍有类似的乞巧习俗。如杭州、宁波、温州等地，在这一天用面粉制各种小型物状，用油煎炸后称"巧果"，晚上在庭院内陈列巧果、莲蓬、白藕、红菱等。女孩对月穿针，以祈求织女能赐以巧技，或者捕蜘蛛一只，放在盒中，第二天开盒如已结网称为得巧。

在绍兴农村，在这一天夜深人静之时，如果能听到牛郎织女相会时的悄悄话，这待嫁的少女日后便能得到这千年不渝的爱情，因此这一夜会有许多少女一个人偷偷躲在生长得茂盛的南瓜棚下。女孩们在这个充满浪漫气息的晚上，对着天空的朗朗明月，摆上时令

瓜果，朝天祭拜，乞求天上的仙女能赋予她们聪慧的心灵和灵巧的双手，让自己的针织女红技法娴熟，更乞求爱情婚姻的姻缘巧配。过去婚姻对于女性来说是决定一生幸福与否的终身大事，另外，世间无数的有情男女也都会在这个晚上，夜静人深时刻，对着星空祈祷自己的姻缘美满。

在浙江金华一带，为了表达人们希望牛郎织女能天天过上美好幸福的家庭生活的愿望，七月七日家家都要杀一只鸡，意为这夜牛郎织女相会，若无公鸡报晓，他们便能永远不分开。

在广西西部，有着这样一个传说：七月七日早晨，仙女要下凡洗澡，喝其澡水就可以避邪治病延寿。此水名曰"双七水"，所以人们在这天鸡鸣时，都争先恐后地去河边取水，取回后用新瓮盛起来，待日后使用。

广州的乞巧节更是独具特色，在节日到来之前，姑娘们就已经先预备好用彩纸、通草、线绳等，编制成各种奇巧的小玩艺，还将谷种和绿豆放入小盒里用水浸泡，使之发芽，待芽长到两寸多长时，用来拜神，称为"拜仙禾"和"拜神菜"。从初六晚开始至初七晚，一连两晚，姑娘们穿上新衣服，戴上新首饰，一切都安排好后，便焚香点烛，对星空跪拜，称为"迎仙"，自三更至五更，要连拜七次。拜仙之后，姑娘们还要手执彩线对着灯影将线穿过针孔，如果一口气能穿七枚针孔者叫得巧，被称为巧手，穿不到七个针孔的叫输巧。七夕之后，姑娘们将所制作的小工艺品、玩具互相赠送，以示友情。

在福建，七夕节时要让织女欣赏、品尝瓜果，以求她保佑来年瓜果丰收。茶、酒、新鲜水果、五子（桂圆、红枣、榛子、花生、

瓜子）、鲜花和妇女化妆用的花粉以及一个上香炉都可以是供品。通常是斋戒沐浴后，大家轮流在供桌前焚香祭拜，默祷心愿。女人们不仅乞巧，还有乞子、乞寿、乞美和乞爱情的。而后，大家一边吃水果，饮茶聊天，一边玩乞巧游戏，乞巧游戏有两种：一种是"卜巧"，即用卜具问自己是巧是笨；还有一种是赛巧，即谁穿针引线快，谁就得巧，慢的称"输巧"，"输巧"者还要将事先准备好的小礼物送给得巧者。

教师节送礼应注意哪些礼仪？

每年的 9 月 10 日是我国的教师节。尊师重教是中华民族的优良传统，每到这个节日，学生都会向自己的老师送上各种各样的礼物。在选送礼物时，有一些问题是值得我们注意的。

老师与学生的之间的感情是很纯洁的，是不能用金钱和礼物的贵与贱来衡量的。所以在选送礼物时，只要能代表自己的诚挚之心就足够了，因为那就表示你是用真心去感谢曾经教过你的老师，珍惜真正的师生情。事实上，对于老师来说，一份优异的成绩、一声深情的祝福、一首诗、一幅画就是对老师最好的祝福。

曾经在一所中学的校园里，教师节当天，一位年轻的体育老师刚到操场就听到一声整齐洪亮的"祝老师节日快乐！"原来是正在上体育课的同学们用自己的方式表达尊师之情。尽管这份礼物不算贵重，但是从这位年轻的体育老师激动的表情上可以看出这份礼物其实很合老师心意。另外，在该校教学楼的一层，几乎每个教室的桌子上都摆放着鲜花，有的教室黑板上还写着对老师祝福的话语。老师们在进入教室时，看到这些温馨的布置都会先惊讶，紧接着就是

满面的笑容。

面对形形色色的礼品，曾经有一所中学的老师说，她今年收到了一张学生为她画的漫画肖像，画像中惟妙惟肖的神态让她一想起就会忍俊不禁，而且一想到这是学生亲手制作的，心头就会暖暖的。另一位在教师岗位上工作了 20 年的张老师说："比起那些贵重的礼品，我更喜欢学生亲手做的小制作，一张贺卡、一幅图画、一张剪纸……这些孩子们亲手做的小礼物我都乐意接受，而且会珍藏起来。"

教师节本身提倡的是尊师重教，促进师生之间的纯洁友谊。但是现在随着社会经济的快速发展，一些家长为了使自己的子女在校得到教师更好的照顾，借教师节之名给教师送礼，这种行为不应提倡。教师节是社会和学生表达对老师一年来工作的肯定和感谢的节日。借教师节的名义送礼，不仅不能很好地表达对老师的谢意，而且还会使学生之间产生一种相互攀比的心理，助长不良社会风气。通过教师节送礼，一些孩子们会认为礼品、金钱可以买到"老师的关照"，发生什么事都可以通过金钱、关系摆平的观念，长此以往，势必对孩子们的成长产生不利影响。此外，富裕的家庭出手阔绰，贫困的家庭也许不会给老师送礼，这极易在孩子们之中产生攀比心理和贫富落差，给孩子们造成心理问题，在成长阶段形成种种不良的生活观念。因此，教师节送礼要特别慎重。

中秋节有哪些礼仪？

农历八月十五的中秋节，一直是人们普遍认为最有人情味的节

日，也是最诗情画意的一个传统节日。俗话说，每逢佳节倍思亲。在中秋节，这一份思念当然会更深切，特别是一轮满月高高挂起的时刻。

中秋之所以是中秋，是因为农历八月十五这一天在三秋之中。这一天，天上的月亮分外明亮，特别的大也特别的圆，所以这一天也被视为民间撮合姻缘的大好时机。

在中秋节，我国自古以来就有赏月的习惯，《礼记》中就有"秋暮夕月"的说法，即祭拜月神。到了周代，每逢中秋夜人们都要举行迎寒和祭月仪式。摆设大香案，放上月饼、西瓜、苹果、梨、葡萄等时令水果，其中月饼和西瓜是必不可少的水果。西瓜还要切成莲花状。

在唐代，中秋赏月、玩月很是流行。在宋代，民间中秋赏月之风更盛，据《东京梦华录》记载："中秋夜，贵家结饰台榭，民间争占酒楼玩月。"每逢中秋节，京城的所有店铺、酒家都要重新装饰门面，门面上扎绸挂彩，出售新鲜佳果和美味食品，夜市热闹非凡，百姓们多登上高台，一些大户人家在自己的楼台亭阁上赏月，并摆上食品或举行宴会，子女齐聚一堂，共同赏月叙谈。

明清以后，中秋节赏月之风依旧，一些地方逐渐形成了烧斗香、树中秋、点塔灯、放天灯、走月亮、舞火龙等特殊风俗。

我国不论农村还是城市，过中秋都有吃月饼的民间习俗，俗话说："八月十五月正圆，中秋月饼香又甜。"月饼一开始是用来祭奉月神的祭品，在南宋吴自牧的《梦粱录》中最早出现"月饼"一词。那时，月饼也只是像普通烧饼一样的饼形食品。后来人们渐渐把中秋赏月与品尝月饼结合在一起，象征着一家人

团团圆圆。

月饼最初是人们在家中制作的，清袁枚在《随园食单》中就记录有月饼的做法。到了近代，出现了专门制作月饼的食品店，月饼的制作越来越细致，馅料讲究，外型美观，在月饼的外面还印有各种美丽的图案，如"嫦娥奔月"、"银河夜月"、"三潭印月"等。以月之圆代表人之团圆，以饼之圆代表人之常生，用月饼寄托对故乡、亲人的相思之情，祈盼丰收、幸福，都成为天下人们的共同心愿，月饼还被用来当做礼物送亲赠友，以表达团圆和祝贺之意，便于联络感情。

重阳节有哪些礼仪？

每年的农历九月九日是我国传统的重阳节，又称"老人节"。重阳节早在战国时期就已经形成，到了唐代，重阳被正式定为民间的节日，此后历朝历代沿袭至今。重阳节的礼仪习俗也十分丰富，有登高、赏菊、喝菊花酒、吃重阳糕、插茱萸等等。

（1）登高

重阳节时，在古代人们就有登高的风俗，故重阳节又叫"登高节"。据说此风俗始于东汉。唐代文人所写的登高诗较多，大多是写重阳节的风俗；杜甫的七律《登高》，就是写重阳登高的名诗。登高所到之处，没有统一的规定，一般是登高山、登高塔。还有吃"重阳糕"的习俗。

（2）吃重阳糕

重阳糕又称花糕、菊糕、五色糕，没有统一的制作方法，较为随意。九月九日天亮时，把一片糕搭在儿女头额上，然后再口中念

念有词，祝愿子女万事顺利，这就是古人九月作糕的本意。比较讲究的重阳糕要做成九层，像座宝塔，塔顶上面还得做得像两只小羊一样，以符合重阳（羊）之义。有些人还在重阳糕上插一支小红蜡烛，并点燃蜡烛。这大概是用"点灯"、"吃糕"代表"登高"的意思，用小红蜡烛代替茱萸。当今的重阳糕，仍无固定形式，各地在重阳节吃的松软蛋糕都称之为重阳糕。

（3）赏菊、饮菊花酒

重阳节正值一年的金秋时节，此时菊花竞相开放，据说赏菊及饮菊花酒，起源于晋朝大诗人陶渊明。陶渊明以隐居出名，以写诗出名，以饮酒出名，也以爱菊出名；后人模仿之，所以有了重阳节赏菊的习俗。旧时文人士大夫，还将赏菊与宴饮结合，以求和陶渊明更相像。北宋京城开封，重阳节观赏菊花的风俗盛行，当时的菊花就有很多种类，千姿百态。民间还把农历九月称为"菊月"的说法，在菊花傲霜怒放的重阳节里，观赏菊花成了人们的一项重要活动。清代以后，赏菊之风更为昌盛，且不限于九月九日，但仍然是重阳节前后最为昌盛。

（4）插茱萸和簪菊花

在唐代，重阳节插茱萸的习俗就已经很盛行。古人认为在重阳节这一天插茱萸可以驱邪避灾；或者佩带于手臂之上，或把茱萸做香料放在香包里面佩带，还有插在头上的。大多是妇女、儿童佩带茱萸，有一些地方，男子也佩带。重阳节佩茱萸的习俗早在晋代葛洪《西经杂记》中就有记载。除了佩带茱萸外，有些地方的人们也有佩戴菊花的。唐代就已经如此，历代盛行。清代，北京重阳节的风俗是把菊花枝叶贴在门窗上，"解除晦气，招来

喜气"。这是头上戴菊的变俗。宋代，还有将彩绸剪成茱萸、菊花来相赠佩带的。

感恩节有哪些礼仪？

刚开始，感恩节并没有固定的日期，而是由各州临时决定的，直到美国独立后，感恩节才成为全国性的节日。感恩节是北美洲一种特有的节日，但是美国与加拿大的时间却有所不同。每年11月第四个星期四是美国人的感恩节，而加拿大则定在10月的第二个星期一。美国当地最著名的庆典是从1924年开始的梅西百货感恩节游行。

感恩节那天，美国人一般会全家老小齐聚一堂，其隆重程度和中国的春节不相上下。在这一天，总统和各州州长都要发表演说，一些大城市通常还要举行花车游行，全国放假三天。

美国人一年中最重要的一顿饭就是感恩节的晚餐，主要食物是火鸡和南瓜饼，此外还有土豆、红薯、玉米、布丁和苹果酱等。火鸡是美国传统食物。其烹制方法是将其腔内填满用核桃仁、玉米渣等拌成的馅，然后刷上油，用火烤。烤成后皮酥肉嫩，味美可口，香气扑鼻。

在感恩节这一天，美国举国上下都热闹非凡，人们通常会按照习俗前往教堂做感恩祈祷，城乡市镇到处举行化装游行、戏剧表演和体育比赛等，学校和商店也都按规定放假休息。孩子们还模仿当年印第安人的模样穿上离奇古怪的服装，画上脸谱或戴上面具到街上唱歌、吹喇叭。如果你是散居在他乡外地的人，通常也要在那天回家过节，当一家人团团围坐在一起大嚼美味火鸡时，还应当对家

一口气读懂礼仪常识

人说:"谢谢!"感恩节后,学校会让同学们画一张感恩节的画,大多数学生都会以火鸡入画。

在这一天,好客的美国人一般不会忘记邀请好友、单身汉或远离家乡的人共度佳节。其实,从18世纪起,美国就已经开始出现一种给贫穷人家送一篮子食物的风俗。当时有一群年轻妇女想在一年中选一天专门做善事,认为选定感恩节是最恰当不过的。所以感恩节一到,她们就装上满满一篮食物亲自送到穷人家。这件事远近传闻,不久就有许多人学着她们的样子做起来。不管遇到谁,他们都会说声:"THANK YOU!"

圣诞节有哪些礼仪?

每年的12月25日是圣诞节,圣诞节是基督教徒纪念耶稣诞生的节日。一般情况下,它的节期会延续很长,从12月24日至次年的1月6日。随着基督教在世界范围内的广为传播,现在的圣诞节已经成为一个世界性的民间节日。

在西方国家,圣诞节有非常重要的地位,早在节日到来之前一个月,许多国家就已经开始准备了。亲朋好友之间要互寄贺卡互送礼物,卡片上常常写有各种祝福的语句。

在西方,人们通常以红、绿、白三色为圣诞色,每逢圣诞节快要到来的时候,家家户户都要用圣诞色来装饰。圣诞花和圣诞蜡烛是红颜色的。圣诞树是绿颜色的。红色与白色相映成趣的是圣诞老人,他是圣诞节活动中最受欢迎的人物。

每个家庭还会在餐厅或客厅的角落用松、柏等常青树树枝搭成圣诞树,树枝上挂满五颜六色的灯及各种饰品、玩具和礼物,树的

顶端往往还安装有一颗象征欢乐和幸福的明亮的星。

圣诞之夜，家家户户都要坐在圣诞树周围共享圣诞晚宴。宴席开始前，人们打开放在圣诞树下的属于每个人的礼物，互相祝贺。宴会后小孩子还要在圣诞树前做各种游戏，唱圣诞歌曲，欣赏宗教音乐。圣诞节期间的传统食品还有火腿、火鸡、蜜饯、水果拼盘及葡萄干、布丁等。